FBI 관찰의 기술

FBI
관찰의 기술

몸의 신호로 상대를 꿰뚫어 보는 실전 매뉴얼

조 내버로 지음 | **김수민** 옮김

리더스북

이 책을 내 인생의 사랑이자 절친한 친구이며,

내가 집필하는 모든 책의 최초 편집자인

아내 스리스 힐러리 내버로에게 바친다.

언어가 생각을 감추기 위해 존재한다면,
몸짓은 생각을 드러내기 위해 존재한다.

존 네이피어

머리말

1971년, 당시 17살이었던 나는 인간의 행동에 관한 일지를 작성하기 시작했다. 그때나 지금이나 이유는 정확히 모르겠다. 모든 종류의 (일반적으로 보디랭귀지라고 불리는) '비언어 nonverbals'를 기록했다. 나는 원래부터 사람들의 기이한 행동에 관심이 많았다. 사람들은 왜 의심이 들 때 눈알을 굴리고, 나쁜 소식을 접했을 때 손을 목 쪽으로 뻗을까? 관심의 범위는 이후 좀 더 미묘한 동작으로까지 넓어졌다. 여자들은 왜 통화하며 머리카락을 만지작거리고, 서로 인사를 나눌 때 눈썹을 아치형으로 만들까? 이 동작들은 작고 순식간에 사라졌지만 내 호기심을 자극하기에는 충분했다. 인간은 왜 이렇게 다양하게 행동할까? 이러한 행동의 목적은 무엇일까?

물론 십대에게는 특이한 취미였다는 점을 인정한다. 내

친구들도 그렇게 말했다. 친구들은 야구 카드를 교환했고, 누가 타율이 가장 높고 누가 그 시즌에 가장 많은 득점을 올렸는지에 관한 정보를 수집하는 데 열을 올렸다. 하지만 나는 인간의 복잡한 행동을 익히는 일이 훨씬 흥미로웠다.

이후 나는 내가 관찰한 행동 목록을 가로 8센티미터, 세로 12센티미터 크기의 카드에 기록했다. 그저 나 자신을 위한 카드였다. 당시에는 인간 행동 분야의 대가들인 찰스 다윈이나 브로니슬라브 말리노프스키, 에드워드 T. 홀, 데즈먼드 모리스, 훗날 친구가 된 데이비드 기븐스 박사를 몰랐다. 그저 다른 사람들이 어떻게 행동하는지, 그리고 왜 그렇게 행동하는지에 관심이 있었을 뿐이다. 또한 나는 내가 관찰한 사항들을 보존하고 싶었다. 당시만해도 40년이 지난 후에도 여전히 관찰한 내용들을 카드에 적어 수집하게 될 거라고는 상상도 못 했다.

수년간 수천 개의 항목을 수집했다. 당시에는 내가 미국 연방수사국FBI 특별수사관이 되고, 25년간 범죄자와 스파이, 테러리스트를 추적하는 데 이 관찰 자료들을 사용하게 될 줄은 몰랐다. 하지만 일찍부터 사람들이 어떻게 행동하고 왜 그런 행동을 하는지에 관심이 많았다는 점을 생각하면, 사실 길이 처음부터 정해져 있었던 것도 같다.

***

우리 가족은 공산주의자들이 장악한 쿠바에서 도망쳐 미국으로 망명했다. 당시 나는 여덟 살이었고 영어는 한마디도 할 줄 몰랐다. 재빨리 적응하는 것만이 살 길이었다. 다시 말해 나를 둘러싼 새로운 환경을 관찰하고 이해해야 했다. 영어가 모국어인 사람에게는 당연한 것들이 내게는 아니었다. 내가 맞닥뜨린 새로운 환경에서 유일하게 이치에 맞는 것을 해독하는 데 집중했다. 바로 보디랭귀지였다. 표정이나 눈길, 부드러운 눈빛, 긴장한 얼굴을 통해 다른 사람들이 넌지시 드러내는 메시지를 해석하는 법을 익혔다. 이렇게 해서 누가 나를 좋아하거나 내 존재에 관심이 없는지 혹은 내게 화가 나거나 나를 못마땅해하는지를 알아차릴 수 있었다. 나는 낯선 나라에서 관찰을 통해 살아남을 수 있었다. 다른 길은 존재하지 않았다.

물론 미국인과 쿠바인의 보디랭귀지는 조금 다르다. 미국인은 말할 때의 억양과 울림이 다르다. 쿠바인은 대화할 때 서로 가깝게 다가가고, 스킨십을 자주 한다. 미국에서는 대화하는 사람들 사이의 간격이 더 멀고, 스킨십을 하면 불편한 기색을 내비치거나 이보다 더 기분 나빠 하는 반응을 보이기도 한다.

부모님은 두 분 다 일을 세 가지나 하고 계셨기 때문에 이런 것들을 가르쳐주실 시간 여유가 없었다. 나는 이를 스스로 터득해야 했고, 각 나라의 문화와 그 문화가 비언어에 미치는 영향에 대해 배웠다. 당시에는 비언어가 무엇인지도 몰랐지만 어떤 행동들의 경우 쿠바인과 미국인이 다르게 움직인다는 점을 알아차렸고, 이들을 이해할 필요가 있었다.

　나는 나만의 과학적 연구 방식을 개발했는데, 냉정하게 관찰한 후 카드에 기록하기 전에 한두 번에 그치지 않고 관찰한 모든 것을 여러 번 확인했다. 그러자 카드의 개수가 늘어날수록 사람들의 행동에서 특정 패턴이 눈에 들어오기 시작했다. 그중 하나로, 대부분의 행동을 정신적으로 편안한 상태와 불편한 상태 중 하나를 나타내는 신호로 분류할 수 있었다. 우리의 몸은 불쾌한 상태를 매우 정확하고 즉각적으로 드러낸다.

　나중에 이런 여러 편안함 신호comfort marker, 더 정확히 말하면 행동이 뇌에서 감정을 관장하는 영역인 변연계라는 '포유류 뇌' 때문에 나타난다는 사실을 배웠다. 이런 종류의 무의식적 반응은 쿠바인과 미국인 모두가 동일했다. 사람들은 학교에서 혹은 상점의 유리창을 통해 정말 좋아하는 사람들을 보면 눈썹을 들어 올려 눈을 크게 뜨고 인사를 나눈다. 나는 이런 보편적인 행동들은 진실이어서 신뢰할 수 있다고 믿게 되었다. 내가 의심한 것은 사람들이 입으로 내뱉은 말이었다. 영어를 알아듣게 된 후로 사람들의 말과 표정이 일치하지 않는 경우를 얼마나 자주 목격했던가. 이들은 말로는 무언가를 좋아한다고 했지만 얼굴은 완전히 상반되는 표정을 짓고 있었다.

그래서 나는 이른 나이에 속임수에 관해 배웠다. 사람들은 입으로 거짓말을 하지만 이들의 비언어는 대개 이들이 실제로 무슨 생각을 하고 있는지를 드러낸다. 물론 아이들은 거짓말에 서툴다. 이들은 말로는 부정하면서도 행동으로는 잘못을 인정하며 고개를 끄덕일 수 있다. 사람은 나이가 들면서 거짓말에 능숙해지지만, 훈련받은 관찰자라면 무언가 잘못되었거나, 문제가 있거나, 솔직하지 않거나, 말에 자신이 없음을 드러내는 신호를 잡아낼 수 있다. 이 책은 이런 신호나 행동을 많이 포함하고 있다.

***

나는 세월이 흐르면서 비언어에 점점 더 많이 의존하게 되었다. 학교나 운동장, 그 밖의 모든 분야에서 이들에 의

존했다. 심지어 친구들과 어울릴 때도 그랬다. 브리검영 대학교를 졸업할 무렵 나는 10년 넘게 수집한 관찰 기록을 보유하고 있었다. 대학에서 생애 처음으로 마이애미에서 경험했던 문화보다 훨씬 다양한 문화(동유럽, 아프리카, 태평양 제도, 아메리카 원주민, 중국, 베트남, 일본 등)에 둘러싸여 생활했고, 이 환경이 더 많은 관찰을 하게 해주었다.

나는 학교에서 사람들의 수많은 행동에 깔린 매혹적인 과학적 기반들을 발견하기 시작했다. 예를 들어 보겠다. 1974년에 선천적 맹아들이 어울려 노는 모습을 관찰할 기회가 있었다. 그 광경은 내게 놀라움 그 자체였다. 이 아이들은 한 번도 다른 아이들을 눈으로 보지 못했지만, 시각적으로 습득했다고 여겨질 만한 행동을 보여주었다. 아이들은 한 번도 본 적이 없으면서 발로 '행복한 발' 모양을 짓고 손으로 자신감을 나타내는 '첨탑' 모양을 만들어 보여주었다. 이 동작들은 이 행동들이 원시회로의 일부분인 우리의 DNA에 새겨져 있다는 뜻이었다. 인간의 생존과 소통을 보장해주는 이러한 매우 오래된 회로들은 그러므로 보편적이다. 대학 생활을 하는 동안 나는 인간 행동들의 진화적 기반에 대해 많은 것을 배웠다. 이를 바탕으로 이 책 곳곳에서 우리가 당연시하지만 알고 보면 놀라운 사실들을 밝힐 것이다.

브리검영 대학교를 졸업했을 때 FBI에 지원하지 않겠느냐는 전화를 받았다. 누군가가 장난을 치는 줄 알았다. 그런데 다음 날 양복을 차려입은 두 남성이 집으로 찾아와 지원서를 건넸다. 그리고 그날 이후로 내 인생은 영원히 바뀌었다. 당시에는 FBI 스카우트 담당자가 대학교에서 재능 있는 인재를 찾아다니곤 했다. 나를 어떻게 알았는지 또는 누가 알려 주었는지는 끝까지 알 수 없었다. 그러나 세계에서 명성이 자자한 법집행 기관에 합류할 생각이 있느냐는 제안을 받고 기쁨이 하늘을 찔렀다는 사실은 말해 줄 수 있다.

나는 FBI에 채용된 두 번째 최연소 요원이었다. 스물세 살 나이에 다시 한 번 완전히 새로운 세계에 발을 들여놓게 된 것이다. 요원이 되기에는 부족한 점이 많았지만, 나는 한 영역만큼은 능숙했다. 비언어 커뮤니케이션이었다. 이 분야만큼은 자신이 있었다. 대부분의 FBI 업무는 관찰과 관련이 있다. 그렇다. 우리는 범죄 현장을 조사하고 범죄자를 체포해야 한다. 하지만 업무의 대부분은 사람들과 대화하고 범죄자를 감시하고 인터뷰를 진행하는 것이다. 그리고 나는 이 부분에서 준비가 되어 있었다.

***

나는 FBI에서 25년간 근무했고, 그중 마지막 13년을 FBI의 엘리트 부서인 국가안보 행동 분석 프로그램 National Security Behavioral Analysis Program, NS-BAP에서 보냈다. 국가 안전을 위협하는 가장 심각한 사례들을 분석하기 위해 설립된 이 부서에서 나는 비언어 커뮤니케이션 기술을 그 어느 때보다 열정적으로 활용할 수 있었다. 이 부서는 1만 2000명의 FBI 특수요원들 중에서 선발된 요원 6명으로 구성되었다. 우리는 외교를 가장해 미국을 음해하기 위해 음모를 꾸미는 공작원이나 스파이, 적대적인 정보 요원을 색출하는, 매우 까다로운 임무를 완수해야 했다.

현장에서 근무하는 동안 나는 보디랭귀지를 이해하는 능력을 갈고닦았다. 내가 관찰한 것들은 대학 연구실에서 절대 따라 할 수 없다. 나는 속임수와 보디랭귀지에 대한 학술지를 읽으면, 지은이가 실제로 사이코패스나 테러리스트, '훈련된' 마피아 조직원, 구소련의 KGB 정보 요원과 한 번도 인터뷰해 본 적이 없음을 알아차릴 수 있었다. 그 학자들이 얻은 결론은 대학생이 피실험자인 연구실 환경에서는 참일 수도 있었다. 그러나 대학 밖의 실제 상황에 관해서는 이해가 부족했다. 어떤 연구실도 내가 몸소 경험한 것들을 재현할 수 없었고, 어떤 연구자도 내가 FBI에서 근무하며 진행한 1만 3000번 이상의 인터뷰와 수천 시간의 감시 영상 관찰, 직접 만든 행동 기록에 근접하는 경험을 하지 못했다. 내게는 25년간 몸담았던 FBI가 대학원이었고, 비언어 커뮤니케이션을 기반으로 많은 스파이를 체포해 교도소로 보낸 실적이 논문이었다.

　FBI에서 은퇴한 후 보디랭귀지에 관해 내가 아는 지식을 타인과 공유하고 싶었다. 2008년에 출간한 『FBI 행동의 심리학』은 이 바람을 실현한 산물이다. 이 책에서는 '편안한 상태'와 '불편한 상태'의 개념이 주목을 받았다. 이 책에서 나는 (예를 들어 얼굴을 만지거나 머리카락을 쓰다듬는) 널리 사용되는 '진정시키는 행동', 즉 일상에서 스트레스를 다루기 위해 사용되는 행동의 베일을 벗겼다. 또 이런 보편적인 행동들이 어디에서 왔는지를 설명하기 위해 애썼고, 우리가 이런 행동들을 왜 하는지 설명하기 위해 심리학과 진화생물학, 문화적 배경을 살펴보았다.

　『FBI 행동의 심리학』은 세계적인 베스트셀러가 되어 수십 가지 언어로 번역되었고, 전 세계에서 100만 부 이상이 판매되었다. 『FBI 행동의 심리학』을 집필할 때만 해도 이 책이 그렇게 큰 인기를 끌 줄은 몰랐다. 이 책을 출간하고 이듬해에 독자와 만나는 자리에서 나는 계속 같은 요청을 받았다. 사람들은 더 많은 정보를 더 쉽게 이해할 수 있는 형식의 새 책을 원했다. 많은 독자가 일종의 현장 매뉴얼을 요청했다. 다시 말해, 매일 접하는 행동들을 쉽고 간결하게 설명하는 책이었다.

***

『FBI 관찰의 기술』은 쉽고 간결한 현장 매뉴얼이다. (머리부터 발에 이르는) 신체 부분별로 정리하였으며, 내가 FBI에서 근무하는 동안 관찰한 400개 이상의 가장 중요한 보디랭귀지를 담았다. 이 책을 읽는 독자가 나와 다른 FBI 요원들이 인간 행동을 이해하기 위해 사용했던 통찰력을 얻게 되기를 바란다. 물론 우리는 여기에 담긴 지식을 범죄 용의자를 심문할 때 사용했다. 그러나 독자 여러분은 이 지식을 내가 미국에 온 후 일상생활에 사용했던 것처럼 자신의 일상에 적용할 수 있다. 일하거나 게임을 할 때 상호작용하는 사람들을 더 온전히 이해하기 위해 활용할 수 있을 것이다. 나는 사회적 관계를 맺는 친구나 연인, 배우자를 이해하기 위해 비언어 커뮤니케이션 주요 표현 또는 신호를 습득하는 것보다 나은 방법은 없다고 생각한다.

누구나 한 번쯤 사람들이 어떤 행동을 왜 하는지 또는 특정한 행동이 무엇을 의미하는지 궁금해한 적이 있을 것이다. 나는 바로 그 호기심을 만족시켜 주고 싶다. 이 책에서 배운 행동들을 직접 실행해 보라. 그러고 나서 다른 사람들이 그 행동을 할 때 어떻게 보이고 느껴지는지 주의 깊게 살펴보자. 직접 몸으로 해 보면 다음에 이런 행동들을 볼 때 그 의미를 더 잘 기억할 수 있다. 만약 여러분이 나처럼 사람들을 관찰하기를 좋아한다면 직장이나 집, 학교 등 어디서든 이 책을 펼쳐 보길 바란다. 그럼 사람들이 무엇을 생각하고 느끼고 바라고 두려워하고 의도하는지를 파악할 수 있을 것이다.

차례

머리
HEAD

☐ ☐ ☐   ○

모든 행동은 머리에서 시작된다. 우리의 뇌는 의식적으로든 무의식적으로든 쉬지 않고 일한다. 뇌에서 나오는 신호는 심장과 호흡, 소화, 그리고 다른 많은 기능을 통제한다. 그러나 머리의 바깥 부분도 굉장히 중요하기는 마찬가지다. 머리카락과 이마, 눈썹, 눈, 코, 입, 귀, 턱은 일반적인 건강상태뿐만 아니라 정신적 고통까지 독특한 방식으로 전달한다. 우리는 전 생애에 걸쳐 부모로서, 친구나 직장 동료 혹은 연인으로서 속마음을 드러내는데, 이에 관한 유용한 정보를 얻으려면 머리부터 시작하는 편이 좋다. ❖

머리 장식	□　　□
	○

모든 문화권 사람들이 다양한 이유로 머리를 장식한다.
머리 장식은 지도자 여부(북아메리카 원주민 추장의 깃털 머
리 장식)나 직업(안전모), 사회적 지위(중산모자나 이브생로랑
의 필박스 모자), 취미(자전거용 혹은 암벽등반용 헬멧), 종교(추
기경 모자, 유대인 남성이 쓰는 야물커), 소속(좋아하는 스포츠 팀,
노동조합)을 알려 줄 수 있다. 또한 한 개인에 대한 정보를
제공해 주기도 한다. 사회의 어디에 속하는지, 무엇에 충
성하는지, 사회경제적 지위가 어떤지, 무엇을 믿는지, 스
스로를 바라보는 관점, 심지어 관습에 저항하는 정도까지
알려 줄 수 있다.

머리카락	□　　□
	○

머리 윗부분에 자리한 머리카락은 비언어 커뮤니케이션
에서 아주 많은 정보를 전달한다. 건강한 머리카락은 (심
지어 잠재의식에서조차) 모든 인간의 바람이다. 더럽거나 헝
클어지거나 뽑히거나 단정하지 못한 머리는 건강상태가

나쁘거나 정신적으로 문제가 있음을 암시한다.

머리 모양(헤어 스타일)은 마음을 끌어당기거나 유혹하거나 순응하게 하거나 쫓아 버리거나 충격을 준다. 심지어 직업에 대한 정보를 알려 주기도 한다. 저명한 인류학자 데이비드 기븐스가 말했듯이 머리카락은 조직에서의 지위를 보여주는 "비공식적 이력서" 역할을 한다. 또 많은 문화권에서 머리카락은 데이트와 연애에서 차지하는 비중이 대단히 크다. 사람들의 머리 모양은 문화 규범과 최신 트렌드를 따르는 경향이 있다. 이런 사회적 기준을 무시하는 사람은 눈에 띄게 된다.

⋘ **003**

머리카락 만지기   ☐ ☐ ○

머리카락 만지기(돌리기, 비틀기, 쓰다듬기)는 마음을 진정시키는 행동이다. 이 행동은 여성들이 자주 하는데, (독서나 휴식을 하는 동안) 기분이 좋은지 또는 (예를 들어 면접 순서를 기다리거나 비행기가 심하게 흔들릴 때) 스트레스를 받고 있는지를 보여 준다. 머리카락을 만질 때 손바닥이 머리 쪽을 향한다면 이는 진정하는 행동일 가능성이 있다. 스트레스를 받거나 불안할 때 진정하는 행동을 하면 심리적으로 안정된다. 또 이런 행동은 시간을 보내는 데 도움이 된다. 아기 때 엄지를 빠는 등의 진정시키는 행동은 나이가 들면서 입술을 깨물거나 손톱을 물어뜯거나 얼굴을 쓰다듬는 등의 행동으로 바뀐다.

◇◇◇ **004**

머리카락 만지기(밖을 향한 손바닥)	☐ ☐
	○

여성이 손바닥을 밖으로 하고 머리카락을 만진다면 자신이 편안한 상태에 있음을 공개적으로 드러내는 행동일 가

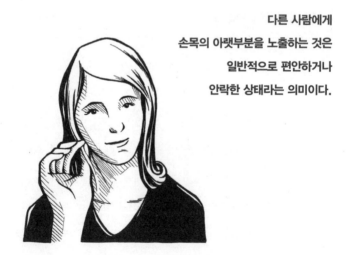

다른 사람에게
손목의 아랫부분을 노출하는 것은
일반적으로 편안하거나
안락한 상태라는 의미이다.

능성이 있다. 사람들 사이에서 만족스럽고 자신감이 있다
는 표시다. 우리는 일반적으로 편안하거나 안락한 상태일
때 다른 사람에게 손목의 아랫부분을 노출한다. 이런 모
습은 남녀관계에서 흔히 보이는데, 여성은 관심 있는 사
람과 대화를 나눌 때 손바닥을 밖으로 향하고 머리카락을
만진다.

∞∞ **005**

손가락으로 머리카락 쓸어 넘기기(남성)	□ □
	○

남성은 스트레스를 받는 상황에서 머리카락 사이를 환기
하고(이런 행동은 공기를 순환하여 두피의 혈관 표면을 시원하게
해준다) 피부에 압력을 가하며 신경을 자극하기 위해 손가
락으로 머리카락을 쓸어 넘긴다. 또한 이 행동은 걱정이
나 의심을 하고 있음을 나타내는 신호일 수도 있다.

∞∞ **006**

머리카락 환기하기(여성)	□ □
	○

머리카락을 환기하는 행동은 분노와 스트레스를 덜어 내
며 강하게 진정하는 행동이다. 여성은 남성과는 다른 방식

으로 머리카락에 바람이 통하게 한다. 이들은 걱정거리가 있거나 마음이 상하거나 스트레스를 받거나 당혹스러울 때 목 뒤편에서 머리카락을 빠르게 들어 올린다. 이 행동을 반복하면 스트레스 지수가 매우 높은 상태일 수 있다. 그러나 신체적 활동이나 주변의 온도 때문에 머리가 과열되어 이런 행동을 할 가능성을 간과해서는 안 된다. 남성은 손가락으로 머리카락을 쓸어 넘기며 정수리 부분을 환기하는 경향이 있다.

∞∞∞ **007**

머리카락 홱 젖히기/만지기

머리카락을 젖히거나 만지거나 잡아당기는 행위는 마음에 드는 배우잣감의 관심을 끌려고 노력할 때 흔히 나타난다. 머리카락을 만지는 손의 움직임은 흔히 매력적으로 여겨진다(머리카락 관련 제품 광고를 떠올려 보라). 모든 움직임에 경계하는 원시 반응인 전삭반사 orientation reflex (무엇인가 새로운 자극이 주어졌을 때 일어나는 반사로, 모든 필요한 수용기를 새로운 자극원에 고정시킨다. 즉, 그 방향을 향하고 응시하며 귀를 세우고 냄새를 맡는 것과 같은 반사다-옮긴이)는 특히 손의 움직임에 주목한다. 마술사들이 이 현상을 잘 이용한다. 머리카락으로 손을 뻗는 행위는 방 반대편에 있는 사람의 관심까지도 잡아 끌 수 있다. 그런데 이렇게 잠재의식 수준에서 작동하는 전삭반사는 눈이 움직이는 혼수상태의 환자에서도 나타난다.

◇◇◇◇ **008**

머리카락 잡아당기기

신체의 털을 의도적이고 반복적으로 잡아당기는 행위를 발모광 trichotillomania 이라고 부른다. 이런 행동은 흔히 스트레스를 받는 어린아이나 청소년에게서 볼 수 있지만 가끔은 성인에게서도 관찰된다. 남성은 눈썹 모퉁이의 털을 뽑는 경향이 있고, 여성은 속눈썹과 머리카락, 눈썹, 팔에 난 털까지 뽑는다. 이것은 스트레스 반응인데, 심지어 새도 스트레스를 받으면 자신의 깃털을 뽑는다. 신경성 경련과 유사하게 머리카락을 반복적으로 잡아당기면 신경 말단을 자극해 안정이 된다. 그러나 그 정도가 심해지면 의학적 치료를 받아야 한다.

머리 끄덕이기	☐ ☐
	○

대화를 나누는 도중 말과 보조를 맞추며 머리를 끄덕이는 행위는 그 사람이 메시지를 수용하고 있음을 상대에게 확인시켜 준다. 머리를 끄덕일 때 일반적으로 무언가에 동의하지 못할 때 나타나는 행동인 '입술 오므리기'(154번 참조)가 동반되는 경우를 제외하면 이 행동은 의견에 동의함을 시사한다.

머리 끄덕이기(상충되는 행동)	☐ ☐
	○

이 행동은 일반적으로 어린아이들이 나타낸다. 부모가 "네가 램프를 깨뜨렸니?"라고 물을 때 아이가 "아니에요"라고 답하며 머리를 끄덕이는 상황이 좋은 예다. 이런 상충되는 행동은 무심코 진심을 노출한다. 나는 어린아이와 청소년, 심지어 성인도 이렇게 행동하는 모습을 본 적이 있다.

머리(뒤통수) 토닥이기	☐ ☐
	○

우리는 당혹스럽거나 정신적 갈등을 겪을 때 흔히 한 손으로 뒤통수를 토닥인다. 답을 찾기 위해 애쓰며 머리카락을 아래쪽으로 쓸어내리는 경우도 있다. 이 행동은 촉감과 이 행동이 발생시키는 온기 때문에 마음을 진정한다. 손으로 신체를 만지는 대부분의 행동처럼 이 행동도 스트레스나 불안감을 완화하고 진정하는 효과가 있다.

머리 긁기	☐ ☐
	○

머리를 긁는 행위는 의구심이 들거나 불만스럽거나 스트레스를 받거나 걱정스러울 때 우리를 안정시키는 효과가 있다. 사람들은 정보를 기억하려고 애쓰거나 당혹스러울 때 이렇게 행동한다. 학생들은 시험문제를 곰곰이 생각할 때 이런 행동을 한다. 머리를 매우 빠르게 긁는다면 스트레스와 걱정의 정도가 높다는 신호로 볼 수 있다. 이는 또 그 사람이 다음에 무엇을 해야 할지 갈등하고 있다는 신호이기도 하다.

◇◇◇◇◇ **013**

머리 쓰다듬기	☐ ☐
	○

사람들은 스트레스를 받거나 딜레마에 빠졌을 때 또는 질
문에 어떻게 답할지 고민할 때 머리를 단정하게 손질하
려는 목적 외에 안정을 찾기 위해 손바닥으로 머리를 쓰
다듬는다. 엄마가 아이의 머리를 쓰다듬으며 위안을 주는
것과 다르지 않다. 이 진정하는 행동은 빠른 안정 효과를
가져다줄 수 있다. 그러나 뒤통수를 쓰다듬는다면 의구심
이나 갈등의 신호일 수도 있다.

◇◇◇◇◇ **014**

배 문지르며 머리 긁기	☐ ☐
	○

배와 머리를 동시에 문지르는 행위는 의심하거나 궁금해
함을 나타낸다. 또 불안이나 불신의 표현이기도 하다. 흥
미롭게도 많은 영장류가 이런 행위를 한다.

팔꿈치 들어 올리고 머리 뒤에서 손깍지 끼기	□ □
	○

팔꿈치를 벌리고 머리 뒤에서 손깍지를 끼는 행위를 '후딩hooding'이라고 한다. 마치 코브라가 목의 후드를 넓게 부풀린 모습처럼 보이기 때문이다. 이 행동은 그 사람을 더 커 보이게 만든다. 사람들은 편안하고 주도권을 쥐고 있을 때 영역 표시의 하나로 이 행동을 한다. 후딩을 할 때

편안하고
주도권을 쥐고 있을 때
영역 표시의 하나로
'후딩' 자세를 취한다.
벌린 팔꿈치는
자신감을 의미한다.

벌린 팔꿈치는 자신감을 의미한다. 머리 뒤에서 손깍지를 끼면 편안함과 안정감을 느낄 수 있다. 그러나 우리는 자신보다 지위가 더 높은 사람 앞에서는 좀처럼 후딩을 하지 않는다.

<<<<< **016**

머리로 손 가져가기(멍한 상태)

충격을 받거나 상황을 믿을 수 없거나 망연자실해하는 사람들은 갑자기 양손을 머리로 가져가기도 한다. 양손은 각각 귀 근처에 놓이지만 귀에 닿지는 않고, 팔꿈치는 앞쪽을 향한다. 이때 사람들은 무슨 일이 일어났는지를 이해하기 위해 애쓰며 이 자세를 몇 초간 유지하기도 한다. 이 원시적이고 자기방어적인 반응은 중대한 실수를 저질렀을 때 나타날 수 있다. 운전자가 자기 집의 우편함을 차로 들이받았거나 축구선수가 자기편 골대를 향해 드리블했을 때가 좋은 예다.

머리 위에서 손깍지 끼기

□   □
○

손바닥은 아래를 향하며, 머리를 감싼다. 팔꿈치는 일반적으로 활짝 펼쳐지므로 눈에 잘 띈다. 상황에 압도당하거나 이러지도 저러지도 못하는 상태에 놓이거나 악전고투할 때, 또는 재난이 발생했을 때(허리케인이나 회오리바람이 휩쓸고 지나간 후 재산을 잃은 경우), 원하는 방향으로 일이

**상황이 악화될수록
양 팔꿈치가 부자연스러울 정도로
앞쪽에서 서로 가까워지는
경향이 있다.**

진행되지 않을 때 이런 행동을 할 수 있다. 여기서는 팔꿈치의 위치에 주목하자. 상황이 악화될수록 양 팔꿈치가 얼굴을 꽉 죄듯이 부자연스러울 정도로 앞쪽에서 서로 가까워지는 경향이 있다. 압력에도 주목하자. 역시 상황이 악화될수록 누르는 손의 압력은 더 커진다. 이 행동은 손바닥이 뒤통수에 놓여 있고 자신에 차 있는 모습을 보여주는 '후딩'과는 많이 다르다(15번 참조).

<<<< **018**

모자 들어 올리기(통풍시키기)

사람들은 갑작스럽게 스트레스를 받으면 머리에 바람이 통하도록 자신의 모자를 들어 올리기도 한다. 이 행동은 흔히 안 좋은 소식을 듣거나 논쟁할 때 또는 상황이 격해진 순간 이후에 나타난다. 분노가 차오른 상황(예를 들어 교통사고나 보복 운전)에서 싸움이 일어나기 전에 안전을 위해 흔히 몸에 걸친 무언가를 벗는 행위(모자나 셔츠, 선글라스 등을 벗는 것)를 한다는 점을 기억하자.

이마
FOREHEAD

Case No.

Date

☐　☐　☐　　　　　　　　○

우리는 정보를 얻기 위해 상대의 이마를 살핀다. 태어난 지 고작 몇 달 된 아기들도 엄마의 이마에 생기는 주름에 반응하고, 이것을 무언가 부정적인 신호로 인지한다. 콧대와 머리선 사이의 이 작은 공간은 자신이 느끼고 있는 감정을 다른 사람에게 바로 드러낸다. 뇌와 가깝게 연결된 놀라운 신체 부위인 이마는 감정을 빠르고 정확하고 분명하게 전달한다. ❖

긴장한 이마	☐ ☐
	○

어떤 사람들은 스트레스를 받으면 이마의 근육이 갑작스럽게 뻣뻣하고 팽팽해지면서 긴장한다. 심리학자 폴 에크먼에 따르면 얼굴에는 4000가지 이상의 표정을 만들 수 있는 20개 이상의 근육 집단이 있다. 이들 중 특히 큰 뒤통수이마근과 눈살근, 관자근을 포함한 6개의 근육이 스트레스 상황에서 이마를 팽팽하게 만들거나 찌푸리는 데 관여한다. 물론 평온한 상태의 모습을 관찰하고 이마의 변화에 관한 판단 기준을 정할 필요도 있다. 그러나 사람들이 스트레스를 받으면 이마가 자주 뚜렷이 긴장되므로 이 모습은 무언가가 잘못되었음을 나타내는 완벽한 신호로 볼 수 있다.

이마 찌푸리기	☐ ☐
	○

어떠한 자극에 반응해 이마를 찌푸리는 행위는 보통 무언가가 잘못되었거나 마음에 들지 않거나 불안감을 느끼고 있음을 보여주는 신호다. 또 무언가에 집중하거나 이해하

려고 애쓸 때도 이런 모습이 나타난다. 이마 찌푸리기는 일반적으로 의구심과 긴장, 불안, 걱정과 관련 있다. 미용 목적으로 이마의 주름을 없애기 위해 많은 사람이 찾는 보톡스는 마치 가면을 쓴 것처럼 진짜 감정이 드러나지 않게 만들 수 있다.

◇◇◇◇ **021**

보톡스 맞은 이마 (문제점)	☐ ☐
	○

요즘은 이마의 주름을 없애기 위해 남녀 불문하고 보톡스 주사를 맞는다. 그 결과 상대방의 기분을 알기 위해 일반적으로 이마를 살피는 반려자 혹은 아이들이 헷갈릴 수 있다. 태어난 지 4주 된 아기들도 부정적인 의미로 찌푸린 이마에 반응한다. 흥미롭게도 부모나 파트너가 보톡스를 맞으면 아이나 반려자가 전에는 쉽게 읽은 감정적 신호를 읽지 못한다는 결과가 보고된 적이 있다.

이마의 주름 ▢ ▢ ○

어떤 사람들은, 심지어 젊은 나이에도 인생에서 겪은 고난이 이마에 깊게 파인 주름으로 나타난다. 인생 경험은 흔히 이마에 선이나 골, 다른 자국으로 아로새겨진다. 이마의 주름은 힘겹거나 스트레스가 많은 삶, 또는 주름을 더욱 짙게 만드는 야외 활동을 많이 한 삶을 암시하는 경우가 많다.

땀이 나는 이마 ▢ ▢ ○

스트레스 정도가 심하면 자연스럽게 땀을 흘리는 사람들이 있다. 땀을 흘리는 이유는 사람마다 다르다. 어떤 사람들은 커피를 한 모금 마시거나 계단을 한 층 오르기만 해도 많은 땀을 흘린다. 그러니 성급하게 판단하지 말자. 판단하기 전에 이 행동의 기준을 확실히 알아야 한다. 기준이 되는 행동은 스트레스를 받거나 과도한 감정의 영향을 받지 않아서 '정상'으로 여겨지는 상태다.

고동치는 관자놀이 정맥	□ □
	○

어떤 사람들은 스트레스를 받으면 (얼굴의 옆, 눈 바로 뒤쪽에 있는) 피부 표면에 드러나는 관자놀이의 정맥이 눈에 띄게 꿈틀거리거나 고동친다. 이 현상은 불안이나 걱정, 두려움, 분노, 때때로 흥분이 자율신경계를 활성화했음을 보여주는 정확한 신호다. 자율신경계의 활성화는 뇌가 자동적으로 생존 모드로 들어가는 방식이다. 뇌는 달리기나 싸움 같은 신체 활동이 예상되면 심장과 폐가 더 빠르게 움직이게 만든다.

이마 문지르기	□ □
	○

우리는 (문자 그대로) 두통이 생기거나 정보를 처리하거나 걱정이나 근심, 의심, 불안감이 들 때 이마를 문지르는 경향이 있다. 이 행동은 긴장이나 불안감을 누그러뜨리는 것을 도움으로써 진정하는 행동이다.

손가락으로 이마 가리키기	☐ ☐
	○

이마를 향해 손가락질을 하거나 손가락으로 이마를 가리
키며 빙빙 돌리는 움직임은 굉장히 모욕적인 행위다. 이
행동은 상대방이 아무것도 모르거나 어리석거나 제정신
이 아니라는 의미다. 문화에 기반한 이 행동은 이를 매우
모욕적으로 받아들이는 독일과 스위스, 오스트리아, 그리
고 때로는 미국에서 볼 수 있다. 매우 무례한 행동이므로
피하는 것이 좋다.

∞∞∞ **027**

손으로 이마 누르기	☐ ☐
	○

손을 펴서 이마를 지그시 누르는 행위는 스트레스나 의
심, 불안으로 인한 긴장을 완화하는 데 도움이 된다. 이
행동은 손으로 이마를 짚는 행위와는 달리 머리를 뒤로
미는 것처럼 보인다. 다른 많은 행동처럼 이 행동도 피부
에 촉각을 이용한 압력을 가해 심리적으로 안정시켜 준다.

머리를 뒤로 미는 것처럼 보이는
이 행동은 압력을 가해
심리적으로 안정시키는 효과가 있다.

◇◇◇◇ **028**

어리둥절한 표정	□　□
	○

두 눈 사이를 서로 끌어당기면 눈썹을 찌푸린 모습이 만
들어진다. 이때 실눈을 뜨거나 곁눈질할 수도 있고, 머리
를 옆으로 살짝 기울일 수도 있다. 이런 모습은 대개 정신
적 고통을 겪거나 문제를 해결하려고 애쓸 때 나타난다.
일반적으로 인지부하가 심할 때(골똘히 생각하거나 기억해
내려고 애쓸 때) 발생한다.

모자로 이마 가리기

☐　　☐
○

어떤 사람들은 스트레스를 받거나 곤혹스러운 상황에 처하면 머리에 쓰는 물건(모자, 챙, 후드)으로 이마를 가린다. 일반적으로 어린아이나 청소년이 하는 행동이지만 때때로 성인들도 한다. 나는 운전자가 과속운전으로 딱지를 떼일 때 이렇게 행동하는 경우를 자주 봤다. 마치 부끄러워 숨으려는 것처럼 보인다.

눈썹
EYEBROWS

Case No.

Date

눈썹은 안와상융기 바로 위에 있으며, 쓰임새가 다양하다. 먼지나 빛, 습기로부터 눈을 보호하지만 감정을 전달하기도 한다. 우리는 어려서부터 사람들의 표정을 해석하기 위해 눈썹을 살핀다. 많은 문화권에서 눈썹은 미학적 관심의 대상이다. 족집게로 뽑아 형태를 잡기도 하고, 다듬거나 전체 또는 일부분을 염색하거나 왁싱을 하기도 한다. 멋을 내거나 밀어 버리거나 가늘게 만드는 경우도 있다. 얼굴의 다른 부위처럼 눈썹은 여러 개의 근육(주로 눈썹주름근이지만 코의 코근과 위입술올림근도 있다)이 조정하므로 표현력이 매우 풍부하며 감정을 정교하게 전달한다. ❖

눈썹으로 아치 모양 만들기/	☐ ☐
찡긋하기(행복)	◯

눈썹을 올려 아치 모양을 만들거나 눈썹을 찡긋하며 눈을 크게 뜨는 동작은 기쁘거나 기분 좋은 무언가를 알아보았을 때 나타나는 반응이다. 우리는 눈썹을 1초의 5분의 1 이하 속도로 아치 모양으로 만든다. 이 동작은 위쪽으로 행해지기 때문에 중력을 거스르는 행동이며, 중력을 거스르는 행동이 대부분 그렇듯이 긍정적인 신호다. 태어난 지 몇

**눈썹을 올려 아치 모양을 만드는 것은
중력을 거스르는 행동이며,
중력을 거스르는 행동은 대부분
긍정적인 신호다.**

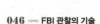

달 된 아기도 엄마가 눈썹을 올리고 눈을 크게 뜨면 얼굴이 환해진다. 이 동작은 다른 사람에게 관심이 있으며 만나서 반갑다는 메시지를 전달하는 가장 좋은 방법이다. 행복한 눈썹 만들기는 일상과 집, 직장 모두에서 대단히 유용하고 강력한 효과를 발휘한다.

◇◇◇◇ **031**

눈썹으로 인사하기

우리는 아는 사람을 보았지만 말을 건넬 수 없는 경우나 단순히 타인의 존재를 알아차렸을 때 눈썹을 올리고 눈을 크게 뜬다. 이때 상황에 따라 미소를 짓거나 짓지 않을 수 있다. 누군가가 우리에게 이렇게 행동하지 않으면 우리는 이를 재빨리 인지한다. 상점에 들어갔는데 점원이 어떠한 종류의 눈인사도 건네지 않을 때가 좋은 예다. 우리는 바쁜 와중에도 다른 사람에게 눈썹으로 아주 간단하게 당신을 소중하게 여긴다는 메시지를 전달할 수 있다.

눈썹으로 아치 모양 만들기(긴장)	☐ ☐
	○

이 모습은 뜻밖의 일이 일어나거나 충격적인 소식이 전해
졌을 때 나타난다. 긴장한 얼굴이나 꽉 다문 입 같은 다른
표정들이 결합되는 이 모습은 상대가 매우 부정적인 경험
을 했음을 알려 준다. 이 표정은 눈썹의 움직임을 통제하
는 근육이 긴장하기 때문에, 앞에서 설명한 눈썹으로 인
사하기와 다르다. 이 표정은 몇 초간 더 길게 지속된다.

◇◇◇◇ **033**

눈썹으로 아치 모양 만들기 (아래턱 목을 향함)	☐ ☐
	○

우리는 바로 의문이 생기는 어떤 내용을 접할 때, 혹은 무
언가를 듣거나 깨닫고 매우 놀랄 때 입을 다문 채 아래턱
을 목 쪽으로 끌어당기고 눈썹은 아치 모양을 만든다. 또
한 곤혹스러운 상황을 목격해도 마치 '들은 내용이 마음
에 들지 않는다.'라고 말하는 것처럼 이 표정을 짓는다.
교사가 나쁜 행동을 하는 학생에게 흔히 짓는 표정이다.

눈썹 비대칭	☐ ☐
	○

사람들은 의심이 들거나 무언가가 불확실할 때 이 표정을
짓는다. 한쪽 눈썹은 평소의 위치에 있거나 낮아지는 반
면 다른 쪽 눈썹은 높이 올라간다. 눈썹 비대칭은 자신이
들은 이야기가 의문스럽거나 확신하지 못한다는 신호를
보낸다. 배우 잭 니콜슨은 스크린 안팎에서 이 방식으로
타인의 말에 의문을 제기하는 것으로 유명하다.

◇◇◇◇ 035

눈썹 사이 좁히기/찌푸리기	☐ ☐
	○

두 눈 사이와 코 바로 위의 영역을 미간이라고 한다. 미
간을 좁히거나 찌푸리면 일반적으로 문제나 걱정, 반감이
있다는 의미다. 이 보편적인 표정은 매우 빠르게 만들어
질 수 있어 감지하기 어렵지만 그 사람의 감정을 정확하
게 반영한다. 어떤 사람들은 불편한 말을 듣거나 방금 들
은 이야기를 이해하려고 애쓸 때 눈썹을 찌푸린다. ✕ 모
양 이모티콘은 이 표정이 담은 감정을 잘 전달한다.

눈
EYES

Case No.

Date

☐ ☐ ☐   ○

눈은 우리가 바라보는 세상의 시각적 관문이다. 인간은 태어나는 순간부터 정보를 얻기 위해 친숙한 얼굴의 움직임이나 새로움, 빛깔, 음영, 대칭 등을 살핀다. 또한 미학적 즐거움을 위해서도 얼굴을 살핀다. 뇌의 다른 부위들에 비해 큰 시각피질은 참신하고 새로운 경험을 추구한다. 우리의 눈은 두려움과 경멸뿐만 아니라 애정과 연민도 드러낸다. 누군가의 따뜻하고 기뻐하는 눈빛은 우리의 하루를 행복하게 만들어 줄 수도 있다. 반면 불안하고 걱정스러운 눈빛은 무언가가 잘못되었음을 전달한다. 눈은 한 무리의 낯선 사람들 사이에서 당당하게 빛날 수도 움츠러들 수도 있다. 우리는 매력적으로 보이기 위해 눈을 꾸밀 수도 있고, 시선을 회피하기 위해 눈길을 돌리기도 한다. 눈은 일반적으로 우리가 누군가를 만날 때 처음으로 관심을 기울이는 부위다. 이 것은 아기가 태어났을 때 우리가 아기의 눈을 바라보며 많은 시간을 보내는 이유다. 아마도 우리가 진짜로 눈을 통해 아이의 영혼을 들여다보기 때문일 것이다. ❖

동공 팽창	□ □
	○

마음이 편안하거나 좋아하는 사람 혹은 사물을 접하면 동
공이 팽창한다. 이 반응은 우리가 의식적으로 통제할 수
없다. 커플이 함께 있을 때 마음이 편안하면 동공이 가능
한 한 많은 빛을 빨아들이기라도 하는 것처럼 커진다. 그
래서 조명이 어두운 레스토랑이 데이트 장소로 안성맞춤
이다. 이 환경에서는 눈이 자연스럽게 부드러워지고 동공
이 더 커지기 때문이다. 이 환경은 주위에 다른 사람이 있
을 때 긴장을 풀어 주는 효과가 있다.

동공 수축	□ □
	○

좋아하지 않는 무언가를 보거나 부정적인 감정이 들면 동
공이 수축한다. 동공 수축은 눈동자 색깔이 밝을수록 더
쉽게 감지된다. 동공이 갑자기 작은 점으로 줄어드는 현
상은 방금 부정적인 상황이 발생했음을 의미한다. 흥미롭
게도 우리의 뇌는 괴로울 때 명확하게 보기 위해 눈의 초
점을 맞추려고 이렇게 반응한다. 카메라 조리개의 구멍이

좁아질수록 선명도가 올라가는 것과 비슷한 원리다. 이는 실눈을 뜨고 보면 초점이 더 잘 맞는 이유이기도 하다.

◇◇◇◇ **038**

이완된 눈	□ □
	○

눈이 이완되어 있으면 편안하고 자신감이 있다는 신호다. 마음이 편하면 눈과 이마, 뺨의 근육이 이완된다. 그러나 스트레스를 받거나 무언가가 거슬리면 이 근육들은 바로 긴장한다. 아기는 이런 변화를 꽤 분명히 보여주는데, 이들은 울음을 터뜨리기 전에 갑자기 얼굴의 근육을 찡그린다. 어떤 보디랭귀지의 의미를 해석하려 할 때 눈이 행위와 일치하는지 항상 주의하자. 만약 눈구멍이 이완되었다면 아무 문제가 없을 가능성이 크다. 반면 눈 주변이 갑자기 긴장하거나 눈이 가늘어지면 그 사람이 집중하거나 스트레스를 받는다는 의미일 수 있다. 눈 근육과 주변의 조직은 다른 얼굴 근육보다 스트레스 요인에 훨씬 빠르게 반응하며 정신적 상태에 관한 정보를 바로 제공한다.

눈구멍 좁아짐	☐ ☐
	○

스트레스를 받거나 마음이 상하거나 위협을 받거나 다른 부정적인 감정을 느끼면 눈구멍이 좁아진다. 이 현상은 눈구멍 밑에 있는 근육이 수축하며 일어난다. 뇌는 불안 이나 걱정, 의심에 반응할 때 곧바로 눈구멍을 작게 만든 다. 이 표정은 무언가가 마음에 안 들거나 잘못되었음을 보여준다.

눈 밑 떨림	☐ ☐
	○

눈 바로 밑(안륜근의 아랫부분)과 광대뼈 바로 위에 있는 작은 근육과 이를 둘러싼 조직은 스트레스에 굉장히 민감하다. 걱정거리나 근심, 두려움이 있으면 이 부드러운 영역이 떨리거나 씰룩거리면서 그 사람의 정신적 상태를 솔직하게 드러낸다.

깜박임의 빈도

눈을 깜박이는 빈도는 환경과 스트레스 혹은 경험하는 자극의 정도에 따라 달라진다. 개인마다 차이가 있고 조명과 습도에 따라 달라지지만 1분당 16~20회 사이로 보면 된다. 컴퓨터 모니터를 바라보는 사람들은 덜 깜박이고 (많은 사람들이 안구건조증이나 눈의 감염을 불평하는데, 눈물에는 항세균 성질이 있다), 먼지나 꽃가루가 날리는 공간에서 작업하는 사람들은 더 자주 깜박인다. 콘택트렌즈를 착용해도 눈을 더 자주 깜박일 수 있다. 또 신경을 자극하는 사람이 주위에 있으면 깜박이는 빈도가 증가하는 경향이 있다.

눈 자주 깜박이기

사람들은 불안하거나 긴장하거나 스트레스를 받으면 평온한 사람들보다 일반적으로 눈을 더 자주 깜박인다. 우리는 눈을 자주 깜박이면 무언가 숨기는 것이 있기 때문이라고 오해하는 경우가 있다. 그러나 이 행동은 그저 스트레스나 앞에 언급한 다른 요인들을 나타내는 신호일 뿐이다. 정직한 사람도 공격적인 질문을 받으면 눈을 더 자주 깜박일 수 있다.

눈 맞춤	☐　☐
	○

눈 맞춤은 문화적 규범과 개인적 선호의 영향을 받는다. 어떤 문화권에서는 누군가를 3~4초가량 쳐다보는 행동을 용인하는 반면 어떤 문화권에서는 2초만 넘어도 무례하게 여긴다. 또 문화는 누가 누구를 쳐다볼 수 있는지를 결정하기도 한다. 미국 내에서조차 지역마다 눈 맞춤을 받아들이는 정도가 다르다. 뉴욕 시의 경우 누군가를 1.5초 이상 빤히 쳐다보면 모욕적으로 받아들일 수 있다. 특정 민족과 문화 집단에는 자신들만의 규범이 존재한다. 예를 들어 많은 아프리카계 미국인 아이들과 라틴아메리카계 아이들은 어른을 만나면 존경의 의미로 시선을 내리라고 배운다.

눈 피하기	☐ ☐
	○

누군가와 대화하기 불편하거나 호감이 가지 않을 때 혹은 상대가 불쾌하거나 강압적일 때 우리는 눈이 마주치는 것을 피한다. 예를 들어 교도소 수감자들은 간수나 포악하기로 유명한 다른 수감자와 눈 마주치길 꺼린다. 눈 피하기는 일시적일 수도, 장기적일 수도 있다. 누군가가 창피한 행동을 해도 우리는 일시적으로 눈을 돌린다. 세계의 다른 지역 사람들과 다르게 미국인들은 엘리베이터 안처럼 다른 사람들과 아주 가까이 있을 때 낯선 사람들과 눈을 마주치지 않으려 하는 경향이 있다. 특히 낯선 사람들이 함께 타고 있는 경우에는 아는 사람이 있어도 눈 마주치기를 꺼린다. 눈 피하기가 누군가를 속이려는 행동이라고 할 수는 없지만 창피함이나 무안함을 나타내는 표현일 수는 있다.

시선과 우월감	☐ ☐
	○

전 세계적으로 지위가 높은 사람들이 말하거나 듣는 동안 시선을 더 자주 맞춘다는 연구가 있다. 지위가 낮은 사

람들은 지위가 더 높은 사람들의 이야기를 듣는 동안에는 시선을 더 자주 맞추지만 자신이 말하는 동안에는 덜 맞춘다. 일본을 포함한 아시아태평양 국가들에서 이런 모습이 두드러진다. 덧붙여 이야기하면, 우리는 똑바로 시선을 맞춰 주는 사람들을 좋아하는 경향이 있는데, 특히 지위가 높은 사람들이 시선을 맞춰 줄 경우 그렇다. 사회적 위치가 높은 사람, 예를 들어 유명 영화배우가 자신과 시선을 맞추면 관심받고 있다는 느낌을 받게 된다.

∞∞ **046**

적극적인 눈 맞춤

사회생활에서든 데이트 상대를 찾을 때든 우리는 상대와 대화해 보고 싶을 때 '저, 여기 있어요. 제게 말을 걸어 주세요.'라는 메시지를 담은 눈빛으로 눈이 마주칠 때까지 적극적으로 유심히 바라본다.

∞∞ **047**

시선과 감정

전 세계에서 연애에 관한 신호를 연구한 전문가들은 서로에 대한 감정의 변화를 보여주는 첫 번째 단서가 서로를 바라보는 방식임을 발견했다. 관심 어린 눈길이 증가하면 말로 전하기 훨씬 전부터 우호적인 관계가 더욱 친밀한 관계로 변화한다. 영화 〈사운드 오브 뮤직〉에서 줄리 앤드루스(마리아 역)가 크리스토퍼 플러머(캡틴 조지 본 트랩 역)를 바라보는 시선의 변화, 또는 영화 〈라라랜드〉에서 엠마 스톤(미아 역)이 라이언 고슬링(세바스찬 역)을 바라보는 시선의 변화는 우리의 시선이 말 이전에 어떻게 감정의 변화를 반영하며 변하는지를 상징적으로 보여준다. 이 사실은 영화뿐 아니라 현실에서도 적용된다.

<<<<< **048**

시선 마주치기 □ □ ○

이 행동의 의도는 따뜻하거나 로맨틱한 방식으로 타인의 관심을 얻으려는 데 있다. 언제나 눈과 얼굴, 입가에 상냥함을 띤 부드러운 얼굴로 눈과 눈을 마주치려 시도한다는 점이 이 행동을 두드러지게 만든다. 이런 행동은 남녀 관계에서 가장 흔히 볼 수 있는데, 상대에게 계속 만날 마음이 있다거나 조만간 다시 연락할 의향이 있다는 메시지를 전달한다. 나는 낯선 사람들이 넓은 공간을 가로질러 시선을 마주치며 마음을 전하는 모습을 본 적이 있다.

◇◇◇◇ 049

응시하기 대 빤히 쳐다보기

누군가를 응시하는 행동과 빤히 쳐다보는 행동은 크게 다르다. 빤히 쳐다보기는 상대방을 무시하거나 거리를 두거나 대립각을 세우려는 의도가 있으며, 상대를 의심하거나 불길하거나 이상하게 여긴다는 신호를 보낸다. 반면 응시하기는 상대를 편하게 생각한다는 신호를 보내며 마음을 끄는 행동이다. 상대가 자신을 빤히 쳐다보는 경우 우리는 경계를 늦추지 못한다. 반면 응시하는 경우에는 강한 흥미를 느끼거나 심지어 반갑게 받아들이기까지 한다. 빤히 쳐다보기는 공격적인 상황을 촉발할 수 있는데, 버스나 지하철 같은 좁은 공간에서는 특히 더 그렇다.

◇◇◇◇ 050

감은 눈

회의하는 동안 누군가가 눈을 감고 오래 있다가 눈을 뜨거나 갑자기 눈을 감고 오래 있다면 마음에 들지 않는 점이 있다는 뜻일 수 있다. 이 차단하는 행동^{blocking behavior}은 불만이나 우려, 불신, 걱정처럼 심리적으로 불편한 상태를 드러낸다. 눈을 뜨기까지 오랜 시간이 걸린다면 걱정이 깊다는 의미다. 반대로 매우 친밀한 관계라면 감은 눈은 '당신을 믿어요. 다른 모든 것을 차단하고 다른 감각들로 이 순간을 만끽하고 있어요.'라는 메시지를 보낸다. 주목할 만한 점은, 태어날 때부터 앞을 보지 못하는 아이들도 좋아하지 않거나 거슬리는 소리를 들으면 눈을 가린다는 사실이다.

◇◇◇◇ **051**

눈 감아 강조하기

우리는 흔히 무언가를 강조하고 싶거나 동의할 때 아주 짧게 눈을 감는다. 이 동작은 방금 들은 이야기를 긍정하는 방법이다. 모든 행동이 그렇듯이 이 행동이 의견 차이를 나타내지 않는다는 점은 맥락을 통해 알 수 있다.

◇◇◇◇ **052**

눈 가리기

손이나 손가락으로 갑자기 눈을 가리는 행위는 차단하는 행동으로, 나쁜 소식이나 위협적인 정보를 들었을 때 같은 부정적인 사건과 관련 있다. 이 행동은 또한 부정적인 감정이나 걱정, 자신감 부족을 나타내기도 한다. 나쁜 짓을 하다가 붙잡힌 사람들도 이렇게 행동하곤 한다. 앞서 언급했듯이 정확한 이유는 모르지만 선천적 맹아들도 이

손으로 갑자기 눈을 가리는 행위는
나쁜 정보를 차단하는 행동이며,
부정적인 감정이나 걱정, 자신감 부족을
나타내기도 한다.

런 행동을 한다. 이 행동의 진화적 뿌리는 분명 오랜 옛날
로 거슬러 올라갈 것이다.

◇◇◇◇◇ **053**

눈 감고 콧등 문지르기	□ □
	○

눈을 감은 채 콧등을 문지르는 행동은 걱정이나 근심이
있다는 신호다. 이는 차단하는 행동인 동시에 진정하는
행동이다. 일반적으로 반감이나 불확실, 우려, 불안 같은
부정적인 감정과 연관 있다.

◇◇◇◇◇ **054**

울기	□ □
	○

울음은 사회적 목적뿐만 아니라 개인적 목적을 위해서도
다양하게 이용되며, 마음을 정화하고 감정을 해방한다.
아이들은 울음으로 사람을 교묘하게 조종할 수 있다는 사
실을 빠르게 습득한다. 성인들 중 일부도 울음을 이와 비
슷한 용도로 이용한다. 사람의 행동을 관찰할 때 울음에
그 사람이 힘든 시간을 보내고 있다는 신호 이상의 의미
를 부여해서는 안 된다. 누군가가 너무 자주 우는 경우는

병적으로 우울하거나 심리적으로 괴로운 상황이라는 신호일 수도 있다.

◇◇◇◇ 055

물체 움켜잡고 울기	☐ ☐
	○

자신의 목이나 목걸이, 셔츠 깃을 움켜잡고 우는 사람들은 그냥 우는 사람들보다 더 심각하고 부정적인 감정을 경험하는 중일 수도 있다.

◇◇◇◇ 056

눈동자 왔다 갔다 하기	☐ ☐
	○

눈동자가 과하게 왔다 갔다 하는 움직임은 일반적으로 부정적인 정보 처리나 의심, 불안, 두려움, 근심과 연관 있다. 더 정확히 평가하려면 이 행동을 긴장한 얼굴이나 아래턱 잡아당기기(184번 참조) 같은 다른 정보와 함께 분석하는 것이 좋다. 상황을 분석하거나 선택을 고려하거나 해결책을 생각하는 동안 눈동자가 왔다 갔다 하는 사람들이 있다는 점에 주의할 필요가 있다. 이 행동만으로는 누군가를 속이고 있다고 단정할 수 없다.

눈동자 측면 바라보기

우리는 생각이나 감정, 질문을 처리하며 아래쪽 측면 또
는 위쪽 측면을 바라보는 경향이 있다. 이를 과학 문헌에
서는 눈의 동향 측면 운동conjugate lateral eye movement, CLEM
이라고 한다. 지난 수십 년간 우리는 질문에 답하며 눈길
을 돌리거나 곁눈질하는 사람은 거짓말하는 것이라고 근
거 없이 믿어 왔다. 지금은 20가지가 넘는 연구를 통해
이 믿음이 틀렸다는 사실이 밝혀졌다. 내가 말할 수 있는
것은, 누군가가 그저 질문을 처리하거나 답하며 특정 방
향을 주시하면 이들이 생각하는 중이라고 짐작하는 것이
좋다는 것이다. 이 행동 자체가 속임수를 나타내는 신호
라고 할 수는 없다.

눈꺼풀 떨림

눈꺼풀이 갑작스럽게 떨리는 현상은 무언가 잘못되었거
나 고투하고 있음을 나타낸다(영화에서 문제가 생기거나 일이
엉망이 되면 눈이 자주 떨리던 배우 휴 그랜트를 생각해 보라). 사

람들은 보통 적절한 단어를 찾으려 애쓰거나, 듣거나 본 것을 믿을 수 없을 때 눈을 뜬다. 눈꺼풀 떨림은 불신을 나타내는 신호다.

◇◇◇◇ **059**

눈 가리키기	□ □
	○

어떤 문화권에서 검지를 눈 바로 밑에 갖다 대는 행위는 의심이나 의혹을 드러내는 표시다. 한편 여러 문화권에 걸쳐 많은 사람이 무언가를 듣고 깊이 생각하거나 의문을 품을 때 무의식적으로 가볍게 긁는 동작의 형태로 이 행동을 한다. 해외여행을 할 때 그곳 사람들에게 이런 행동이 어떤 특별한 의미가 있는지 물어보자. 나는 루마니아에서는 눈 밑의 손가락이 '주의하시오. 우리는 듣고 있는 누구도 믿지 않습니다.'라는 의미를 전달하는 신호로 흔히 사용된다고 들었다.

◇◇◇◇ **060**

눈 가리키기와 동반되는 행동	□ □
	○

검지로 눈 바로 밑을 가리키는 행동(59번 참조)에 눈썹 아

**아치 모양 눈썹과 꽉 다문 입술을 동반한다면,
검지로 눈 가리키기는 의심이나 어리둥절함, 불신을 나타낸다.**

치 모양 만들기와 꽉 다문 입술이 동반된다면 이는 의심
이나 어리둥절함, 불신을 나타낸다. 특히 턱을 내밀지 않
고 안으로 넣었다면 틀림없다.

◇◇◇◇ **061**

눈동자 굴리기	□ □
	○

눈동자를 굴리는 행위는 경멸이나 의견 충돌, 반감을 나
타낸다. 아이들은 흔히 반항의 표현으로 부모에게 이 행
동을 한다. 전문가라면 이런 행동을 해서는 안 된다.

눈꺼풀 만지기

☐　☐
○

눈꺼풀 만지기는 긴장을 완화하는 행동과 결합한 눈 가리기의 한 형태일 수 있다. 어떤 사람이 하지 말아야 할 말을 했을 때 근처에 있는 사람들이 눈을 감고 눈꺼풀을 만지거나 긁는 모습을 볼 수 있다. 이는 그 말이 부적절함을 나타내는 좋은 신호다. 정치권에서 한 정치인이 실언을 하면 다른 정치인들이 이렇게 행동하는 경우가 흔하다.

피로한 눈

☐　☐
○

피로는 일반적으로 눈에서 제일 먼저 드러난다. 눈과 눈 주변이 긴장하고 붓고 건조하고 심지어 어두워 보인다. 이 현상은 장시간의 근무나 스트레스 같은 외부 요인 때문에 또는 울어서 생길 수 있다.

먼 곳 바라보기	☐ ☐
	○

혼자 있거나 다른 사람과 대화하는 도중에 방해되는 것들을 피해 먼 곳을 응시하는 행위는 더 효과적으로 생각하고 계획하도록 해주기도 한다. 이 행동은 깊이 생각하거나 무언가를 기억하려고 노력하고 있으니 방해하지 말라는 신호일 수도 있다.

◇◇◇◇ **065**

멍한 눈	☐ ☐
	○

눈을 멍해 보이게 만드는 원인은 많다. 그중에는 마리화나 같은 약물과 술뿐만 아니라 더 위험한 물질들도 있다. 어떤 사람이 마약을 하거나 술을 마셨는지 알아보려면 어눌한 발음이나 느린 반응 속도 등의 다른 행동들도 함께 고려해야 한다.

곁눈질하기

□ □

○

곁눈질은 흔히 의심하거나 약속을 꺼리거나 무시하거나
수상히 여기거나 심지어 경멸할 때 나타난다. 이는 불신
과 우려, 의심을 반영하는 보편적인 행동이다.

천장이나 하늘 바라보기

□ □

○

우리는 무언가가 갑자기 불가능해 보이거나 불운이 닥쳤
을 때 머리를 뒤로 기울이고 하늘을 보는 이 드라마틱한
행동을 한다. 이런 행동은 스포츠 게임에서, 예를 들면 골
프 선수가 퍼트를 실패했을 때 자주 볼 수 있다. 상황을
믿을 수 없어서 하늘에 있는 존재에게 도움을 구하거나
가엾게 여겨 달라고 간청하는 것 같다. 이 행동이 도움이
되는 면도 있다. 스트레스는 목을 긴장시키는데, 이 자세
는 목빗근을 늘려 근육을 이완하는 데 도움이 된다.

동의 구하기	☐　☐
	○

사람들은 자신감이 부족하거나 거짓말을 할 때 상대방을
면밀히 살피는 경향이 있다. 자신의 말을 믿는지 보기 위
해 얼굴을 유심히 바라보는 것이다. 이 행동이 무조건 속
임수를 나타내지는 않는다. 그저 자신이 한 말에 동의를
구하는 것일 수도 있다. 내 경험에 따르면, 진실을 말하는
사람은 그저 사실을 전달하고, 거짓말하는 사람은 상대를
납득시키려고 애쓴다.

시선 내리기	☐　☐
	○

이 행동은 시선 피하기와는 다르다. 시선을 회피하지는 않
고 직접적이거나 강하지 않게 눈을 맞춘 후 시선을 살짝
낮추며 존중이나 경애, 겸손, 뉘우침의 모습을 보여주기
때문이다. 이 행동은 문화를 기반으로 하며, 혼날 때 어른
이나 권위자의 눈을 똑바로 쳐다보지 말라고 배운 아이들
에게서 주로 볼 수 있다. 흑인이나 라틴계 아이들은 보통
존경을 나타내는 형태 중 하나로 시선을 내리라고 배운다.

이런 행동을 속임수로 오해해서는 안 된다. 일본에서는 초면인 사람의 눈을 빤히 바라보는 것은 무례한 행동이다. 적어도 사회적 존중의 표시로 눈꺼풀을 내려야 한다.

∞∞∞ **070**

슬픈 눈	□ □
	○

위 눈꺼풀이 축 처지면 눈이 슬프거나 낙담하거나 우울하거나 에너지가 없는 것처럼 보일 수 있다. 이 모습은 피곤해서 처진 눈꺼풀과 비슷해 보일 수 있다.

∞∞∞ **071**

눈길 돌리기	□ □
	○

대화할 때 눈길을 다른 곳으로 돌리는 행위는 상황에 따라 해석해야 한다. 예를 들어 친구와 대화할 때처럼 심리적으로 안정적인 상황이라면 이야기를 들려주거나 과거의 어떤 일을 기억하며 눈길을 돌릴 수도 있다. 이는 충분히 편안한 상태에 있다는 의미다. 많은 사람이 세부 사항들을 기억해 낼 때 눈길을 돌리는 행동을 한다. 그러므로 눈길 돌리기가 속임수나 거짓말을 나타낸다고 단정할 수는 없다.

오랫동안 빤히 쳐다보기	☐　☐
	○

대화 도중 찾아오는 침묵은 흔히 장시간 빤히 쳐다보는
행동을 동반한다. 이때 시선은 어떤 사람이나 멀리 떨어
져 있는 무언가를 향할 수 있다. 이 행동은 그저 그 사람
이 깊이 생각하거나 정보를 처리하고 있음을 나타낸다.

실눈 뜨기	☐　☐
	○

실눈 뜨기는 특히 좋지 않은 무언가를 듣거나 보았을 때
불쾌감이나 우려를 드러내는 방법이다. 어떤 사람들은 거
슬리는 말을 들을 때마다 눈을 가늘게 뜨고 이 행동을 자
신들의 감정을 표출하는 신호로 사용한다. 그러나 사람들
이 단지 무언가에 집중하거나 들은 말을 이해하기 위해
노력할 때도 눈을 가늘게 뜬다는 사실을 염두에 두자. 이
행동의 의미를 이해하려면 정황을 파악하는 것이 매우 중
요하다.

**실눈 뜨기는 부정적 반응이나
신호일 경우가 많지만,
집중하기 위해
노력하는 중일 수도 있다.**

◇◇◇◇ **074**

실눈 뜨기(살짝)

□ □

○

우리는 흔히 화를 가라앉힐 때 눈꺼풀을 내리며 눈을 살
짝 가늘게 뜬다. 이 행동(눈의 틈을 좁히는 것)의 의미는 얼
굴이 긴장하거나 극단적인 경우 주먹을 쥐는 등의 다른
행동들을 고려하며 상황에 따라 판단해야 한다.

공격적으로 빤히 쳐다보기	□　□
	○

빤히 쳐다보는 행동은 위협적으로 보이며 언쟁을 불러일
으킬 수 있다. 여기에 공격성이 강해지면 시선을 돌리거
나 눈을 깜박이지도 않고 시선을 레이저 광선을 쏘듯이
한 곳에 집중한다. 흥미롭게도 유인원들도 용납되지 않는
행동을 목격하거나 물리적 충돌을 하기 전에 이런 행동을
한다.

분노한 눈	□　□
	○

분노한 사람은 눈에 띄게 눈살을 찌푸리는(이런 모습을 떠
올리면 된다: ><) 모습을 필두로 한 얼굴 표정들을 나타낸
다. 일반적으로 콧잔등에 주름이 지고 콧구멍이 넓어지
며, 때로 입술을 뒤로 끌어당기며 꽉 다문 치아를 드러내
는 행동을 동반한다.

눈 크게 뜨기(경직)

일반적으로 눈이 커지면 스트레스나 놀라움, 두려움, 중
요한 문제가 있음을 시사한다. 눈을 평소보다 오래 경직
된 채 크게 뜨고 있다면 무언가가 확실히 잘못되었다는
의미다. 이런 반응은 보통 외부의 자극으로 발생한다.

∞∞ **078**

눈 꾸미기

이집트의 피라미드 시대 이후 전 세계 사람들은 자신을
더욱 매력적으로 만들기 위해 눈(눈꺼풀, 눈 밑, 눈 측면 등)을
다양한 색깔로 장식했다. 잉크와 염료, 미네랄, 오일로 꾸
미는 이 행위는 문화적 전통의 일부가 되었다. 이것이 현
대 사회로까지 이어진 데는 그만 한 이유가 있다. 효과가
좋기 때문이다. 우리는 눈에 끌린다. 상대가 눈을 아름다
운 색깔로 꾸미면 더 강하게 끌린다. 또한 우리는 길고 짙
은 속눈썹에도 매료된다. 눈은 대부분 여성들이 꾸미지만,
일부 남성들도 자신이 더욱 돋보이도록 눈을 강조한다.

귀여운 귀, 작은 귀, 늘어진 귀, 기형인 귀, 큰 귀, 구멍을 뚫은 귀, 장식한 귀. 우리의 귀는 눈에 잘 띈다. 또한 음파를 통한 정보 수집부터 열의 발산을 돕는 역할까지 우리 몸에서 분명하고 실질적인 기능을 한다. 여기서 끝이 아니다. 귀에는 여러분이 생각하지 못한 쓰임새가 있다. 귀는 비언어 커뮤니케이션에서 중요한 역할을 한다. 연구 결과에 따르면 연인들은 관계의 초기 단계에서 상대방의 귀를 살피며 시간을 보낸다. 그들은 상대의 귀가 어떤 모양인지, 얼마나 따뜻한지, 손길이나 감정에 어떻게 반응하는지를 살핀다. 귀는 생각보다 많은 정보를 상당히 놀라운 방식으로 전달한다. ❖

귓불 잡아당기기 또는 문지르기

스트레스를 받았거나 무언가를 심사숙고할 때 귓불을 잡아당기거나 문지르면 마음이 진정되는 경향이 있다. 나는 귓불 문지르기를 의심이나 망설임, 선택을 따져 보는 행위와 연관 짓는다. 어떤 문화권에서는 이 행동이 자신이 들은 이야기를 확신할 수 없거나 의구심이 있음을 의미한다. 배우 험프리 보가트는 질문을 곰곰이 생각하며 자신의 귓불을 만지작거리는 행동으로 유명했다.

**귓불 문지르기는 의심이나 망설임,
선택을 따져 보는 행위와
연관 지을 수 있다.**

귀 빨개지기	☐ ☐
	○

귀가 다른 부위(얼굴, 목)와 함께 갑자기 빨개지는 현상은 분노나 수치, 호르몬의 변화, 약물 반응, 두려움이나 불안에 의한 자율신경계 활성화 때문일 수 있다. 귀의 피부는 분홍빛이나 붉은빛, 자줏빛으로 변하고, 만지면 뜨겁게 느껴지기도 한다. 개인 공간이 침해당하는 것만으로도 이런 반응이 야기될 수 있다. 사람들 대부분은 피부가 빨개지는 현상(충혈)을 통제하지 못하는데, 어떤 사람들은 이를 매우 창피하게 여긴다.

귀 기울이기	☐ ☐
	○

귀를 화자 쪽으로 돌리거나 기울이는 행위는 경청하거나 다시 한 번 말해 주기를 바라거나, 잘 들리지 않는다는 신호다. 이때 더 많은 소리를 모으기 위해 손을 오므리고 귀에 가져다 대는 행위가 뒤따를 수 있다. 데이트할 때 우리는 매우 친밀한 사람이 귀 가까이 다가오도록 허용한다.

경청하기

적극적으로 듣는 행위는 공식적인 상황과 사적인 상황 모두에서 필수적으로 갖춰야 하는 비언어다. 이 행동은 상대에게 흥미가 있거나 수용적이거나 공감하고 있다는 신호를 전달한다. 좋은 청자는 자신의 차례를 양보하고 기다릴 줄 알며, 상대방이 이야기를 끝낼 때까지 인내심 있게 들어 준다. 우리는 흥미로운 이야기를 경청하고 싶을 때 상대를 마주보며 귀가 메시지를 잘 들을 수 있는 자세를 취한다.

귀 장식하기

문화적 규범에 맞게 귀를 장식하거나 변형하거나 구멍을 뚫거나 색을 칠하거나 틀어막는 수많은 방법이 존재한다. 귀 장식은 주로 문화의 영향을 받는데, 여기에는 명확한 목적(사회적 지위나 구애 가능성을 나타내거나 집단을 식별하는 것)이 있다. 또한 당사자의 배경이나 직업, 사회적 위치, 전통, 성격에 대해 매우 정확한 정보를 제공한다.

상처 남은 귀

□   □

○

열이나 화학물질, 외상은 귀 연골과 조직을 손상시킬 수
있다. 럭비와 레슬링, 유도 선수들은 귀가 손상되기 쉽다.
이들의 손상된 귀를 콜리플라워 이어^{cauliflower ear}(국내에서
는 흔히 '만두귀'라고 부른다 – 옮긴이)라고 부르기도 한다.

코
NOSE

Case No.

Date

☐ ☐ ☐   ○

모든 포유동물은 태어나자마자 코로 생존을 가능하게 해주는 모유를 찾는다. 인간의 코는 성장하면서 좋아하는 음식을 찾도록 도와준다. 또한 상한 음식이나 해로운 악취를 경고하는 한편 폐로 들어오는 공기를 여과하는 것을 도우며 우리를 안전하게 지켜준다. 연애하거나 친밀한 관계를 맺을 때 우리의 코는 상대방의 페로몬을 감지하며 상대에 대한 감정을 무의식적으로 결정하는 것을 돕고, 서로를 더 가깝게 끌어당긴다. 우리는 코걸이를 할 수도 있으며, 문화적 분위기에 따라 코를 더 좁거나 넓거나 길거나 작게 만들 수 있다. 코를 둘러싼 근육들은 매우 민감해서, 싫어하는 냄새를 맡으면 즉각 수축하며 코에 주름을 만들고 혐오감을 드러낸다. 코는 외적으로 타인과 구별시켜 주고, 유해한 화학물질과 박테리아로부터 우리를 보호해 준다. 또한 앞으로 보게 되듯이 타인과 소통하고 상대를 이해하는 데도 필수적인 역할을 한다. ❖

양손으로 코 가리기	□　□
	○

양손으로 코와 입을 가리는 행위는 충격이나 놀라움, 불안, 두려움, 의심, 걱정과 연관 있다. 우리는 끔찍한 소식을 듣거나 교통사고나 자연재해 같은 비극적인 사건이 발생할 때 사람들이 이런 행동을 하는 광경을 목격한다. 진화심리학자들은 인간이 사자나 하이에나 같은 포식자들이 우리의 숨 쉬는 소리를 듣지 못하게 하려고 이 행동을 습득했을 거라고 추측한다. 이 행동은 세계 어디서든 보편적으로 나타난다.

코 위쪽으로 주름 잡기(혐오)	□　□
	○

혐오를 나타내는 신호나 단서는, 코의 피부가 부정적인 감정에 매우 민감한 근육(코근)과 함께 수축하며 코 위쪽에 주름이 생기는 모습(이를 '토끼 코bunny nose'라고도 한다)과 연관 있다. 이 몸짓은 흔히 코와 가까운 눈의 끝부분까지 좁아지게 만든다. 아기는 대략 생후 3개월 또는 더 이른 시기부터 마음에 들지 않은 냄새를 맡으면 코를 찡그린다. 이

혐오감의 신호는 우리와 평생 함께한다. 좋아하지 않는 무언가를 냄새 맡거나 듣거나 심지어 그저 보기만 해도 우리의 코근은 무의식적으로 수축하며 진짜 감정을 드러낸다.

◇◇◇◇ **087**

코 한쪽에만 주름 잡기	□　□
	○

앞서 언급했듯이 코 위쪽으로 주름을 잡는 모습은 혐오감이나 불쾌감을 정확하게 나타내는 표시이며 일반적으로

코 주름은
한쪽에 생기든 양쪽 모두에 생기든,
싫은 감정을 나타낸다.

코 양쪽에 생긴다. 그러나 주름이 코의 한쪽 면에만 생기는 사람들이 있다. 코 근육이 위쪽으로 당겨지면 주름이 한쪽에만 생기며 같은 쪽의 입술도 함께 끌어당겨진다. 어떤 사람들은 이를 엘비스 효과Elvis effect라고 부른다. 코의 한쪽을 눈에 띄게 끌어당긴 모습은 양쪽 모두에 주름이 생긴 것과 동일한 의미, 즉 싫은 감정을 나타낸다.

∞∞∞ **088**

코 씰룩거리기(카리브해 지역)

이 행동은 앞의 혐오감(86번 참조)과 약간 비슷하지만 더 빠르게 발생한다는 차이가 있다. 빠르게는 1초의 25분의 1의 속도로 일어나기도 한다. 어떤 사람은 누군가를 정면으로 쳐다보며 코근을 빠르게 수축하고 코를 위쪽으로 찡그린다. 그러나 앞의 혐오감 신호처럼 눈이 가늘어지지는 않는다. 이 행동은 '왜 그래?', '무슨 일이 일어난 거야?', '뭐가 필요해?'를 말 없이 물어보는 언어적 지름길이다. 쿠바와 푸에르토리코, 도미니카공화국을 포함한 카리브해 전역과 카리브 사람들이 많이 거주하는 마이애미와 뉴욕 같은 미국의 도시들에서도 이 행동을 볼 수 있다. 나는 마이애미 국제공항 커피 매장의 점원이 이렇게 코를 씰룩거리며 나를 맞이하는 모습을 자주 경험했다. 이는 '무엇을 드릴까요?'라는 의미다. 이런 몸짓을 보면 그냥 주문하면 된다.

◇◇◇◇ **089**

코에 검지 가져가기

검지를 일정 시간 동안 코 밑이나 옆에 두는 행위는 근심이나 걱정과 연관 있다. 이 모습이 무슨 의미가 있는지 파악하기 위해 도움이 되는 다른 신호들을 살펴보자. 검지를 그저 코에 오랫동안 대고 있는 이 행위는 코 몰래 만지기(95번 참조)나 코 쓰다듬기와는 다르다.

◇◇◇◇ **090**

코 스치기

검지로 코를 매우 가볍게 여러 번 스치는 이 독특한 행위는 일반적으로 스트레스나 심리적 불편함과 연관 있다. 그러나 미심쩍거나 의문이 생기는 무언가를 곰곰이 생각하는 사람에게서도 나타날 수 있다.

코 치켜들기

☐　☐
○

의도적으로 머리를 뒤로 기울이고 코를 위로 치켜드는 행위는 자신감이나 우월감, 오만함, 분노를 나타낸다. 이 행위는 문화와 연관된 표현으로, 일부 국가나 사회에서 더 많이 나타난다. 이 행동은 우월함을 드러내는 신호이기도 한데, 지위가 높은 사람이 회의를 시작할 때 자신의 지위를 확실히 드러내기 위해 사용하는 경우가 좋은 예다. 이탈리아의 독재자였던 베니토 무솔리니와 프랑스의 샤를

의도적으로 머리를 뒤로 기울이고
코를 위로 치켜드는 행위는
자신감이나 우월감, 오만함,
분노를 나타낸다.

드골 장군이 이 행동으로 유명하다. 러시아 모스크바 크렘린의 의장대도 코를 치켜드는 이 행동을 자주 한다.

◇◇◇◇ **092**

코 톡톡 두드리기/신호 보내기

많은 문화권에서 검지로 코를 톡톡 두드리며 '뭔가 구린내가 난다.'거나 '당신을 믿을 수 없다.', '이것에 의심이 든다.', '나는 매우 신중하게 당신을 주시하고 있다.'는 의미를 전달한다. 또 이 행위는 '당신을 알아봤다.'거나 '당신은 굉장히 똑똑하다.', '당신을 인정한다.'는 의미일 수도 있다(영화 〈스팅〉에서 폴 뉴먼과 로버트 레드포드가 서로를 향해 이 행동을 했다).

◇◇◇◇ **093**

콧구멍 벌렁거리기

우리는 일반적으로 신체적 행동을 준비하며 콧구멍을 벌렁거린다. 기분이 언짢거나, 일어서거나 달려 나가야 한다고 느끼거나, 폭력을 휘두르려는 사람들은 몸에 산소를 공급하기 위해 콧구멍을 자주 벌렁거린다. 경찰관은 이 행동을 상대가 도망갈 속셈이라는 신호로 받아들일 수 있다. 대인관계에서는 진정할 시간이 필요하다는 신호다.

◇◇◇◇ **094**

인중 만지기	□ □
	○

코 바로 아래에서 윗입술 바로 위까지 파인 부분이 인중이다. 사람들은 스트레스를 받으면 인중을 잡아 뜯거나 긁거나 당기며 때로는 상당히 힘을 줘 가며 만진다. 인중은 다른 방식으로 신호를 보내기도 한다. 사람들은 스트레스를 받으면 인중에 땀이 맺히는 경향이 있다. 또 치아와 인중 안쪽 사이에 혀를 넣고 인중을 밀어내기도 한다. 혀로 이 부위를 자극하며 진정하는 행위는 쉽게 포착할 수 있다.

◇◇◇◇ **095**

코 몰래 만지기	□ □
	○

남이 눈치 채지 못하게 검지로 아주 살짝 코를 만지며 진정하는 행동은 긴장을 감추고 모든 것이 괜찮다고 생각하려는 의도를 나타낸다. 스트레스를 받고 있지만 통제에

익숙한 전문가들에게서 이 행위를 찾아보자. 이 행위는 나쁜 패를 감추려는 포커 선수들에게서도 자주 볼 수 있다.

코로 빠르게 숨 들이마시기　□　□　○

많은 사람이 나쁘거나 불쾌한 소식을 전하려 할 때 이야기를 꺼내기 전에 주변 사람이 들을 수 있을 만큼 코로 빠르게 숨을 들이마신다. 또한 나는 사람들이 불편한 질문을 받을 때와 경우에 따라 거짓말하기 전에 이렇게 행동하는 모습을 보았다. 콧속의 털과 신경은 수분뿐만 아니라 공기의 움직임과 접촉에 매우 민감하다. 숨을 빠르게 들이마시면 코털과 여기에 연결된 신경 말단이 자극을 받는데, 이것이 말하기 불편한 무언가를 말하거나 밝혀야 하는 상황이 주는 스트레스를 잠시 줄여 주는 듯하다.

입
MOUTH

Case No.

Date

□ □ □

○

입은 먹고 마시고 숨 쉬는 데 필수적인 기관이자 말이 나오는 부위다. 접촉과 온도에 매우 민감한 입은 10개 이상의 복잡한 반사성 근육으로 둘러싸여 있으며 우리의 생각과 감정을 드러낸다. 입은 매혹적이거나 슬프거나 기쁘거나 짜증을 낼 수 있다. 그리고 하나의 감정이 다른 감정으로 바뀌는 순간을 순식간에 정확히 드러낸다. 눈에서 정보를 얻었다면 입에서 속마음에 대한 추가 단서를 찾을 수 있다. ❖

큰 소리로 숨을 짧게 내쉬기	□　　□
	○

입술을 살짝 벌린 채 내쉬는 이런 종류의 숨은 스트레스
나 불만이 있음을 시사한다. 사람들은 안 좋은 소식을 듣
거나 어려운 상황에 직면하면 이렇게 행동한다. 이 행동
은 특히 화났을 때 스트레스를 완화하는 데 도움이 된다.

카타르시스를 느끼게 하는 숨 내쉬기	□　　□
	○

뺨을 부풀리고 꽉 다문 입술 사이로 숨을 내쉬는 행위는
스트레스를 받고 있거나 받았음을 나타낸다. 사람들은
시험이나 인터뷰가 끝나거나 사고를 겪을 뻔한 후에 이
런 행동을 한다. 이렇게 내쉬는 숨은 소리가 매우 잘 들
리고, 앞서 언급한 내쉬기보다 더 길게 내쉰다는 차이가
있다.

긍정하는 숨 들이마시기

☐ ☐
○

갑작스럽게 숨을 큰 소리로 들이마시며 독특한 소리를 내는 이 행위는 스칸디나비아 국가들과 영국의 일부 지역, 아일랜드에서 '그래요.' 또는 '네, 동의해요.'라는 의미로 사용된다. 어떠한 말도 필요 없이 메시지를 전달하기 때문에 언어적 지름길이라고 할 수 있다. 이 행위는 마치 거칠게 숨을 쉬는 것처럼 숨을 충분히 크게 들이마신다. 나는 스웨덴에서 차를 타고 가다가 운전자에게 목적지에 도착했는지 물었고, 운전자는 그저 긍정하는 숨 들이마시기만을 했다. 그게 다였다.

입가로 공기 빨아들이기

☐ ☐
○

이 행동은 보고 들을 수 있다. 입가가 갑자기 살짝 열리고 공기를 빠르게 들이마시며 빨아들이는 소리를 낸다. 이 행동이 드러내는 의미는 매우 명쾌하다. 두려움이나 우려, 불안이다. 대부분이 닫혀 있는 입은 그 사람이 본질적으로 입술의 자유로운 움직임을 제한하고 있다는 뜻이다.

**갑자기 입가가 살짝 열리고
공기를 빠르게 들이마시는 행동의 의미는
두려움, 우려, 불안이다.**

이는 스트레스를 받고 있음을 암시하는 행동이다.
또 사람들은 누군가가 발을 밟아서 고통스러울 때 이렇게
행동하기도 한다.

◇◇◇◇ **101**

숨 참기	□ □
	○

거짓말탐지기 검사관은 이 행동에 익숙하다. 많은 사람이
스트레스를 받으면 불안해지는 호흡을 억제하기 위해 숨

을 참으려 한다. 이들에게 숨을 쉬라고 말해야 할 때도 많다. 숨 참기는 정지freeze, 도피flight, 투쟁fight 반응의 일부다. 질문을 받을 때 숨을 억제하려 애쓰거나 실제로 참는 사람은 두려움이나 불안을 느끼고 있을 가능성이 있다.

◇◇◇ **102**

건조한 입	☐ ☐
	○

스트레스와 두려움, 불안은 입안을 건조하게 만들 수 있다(의학용어로 이를 구강건조증xerostomia이라고 한다). 불법 약물뿐만 아니라 몇몇 처방약도 입안이 마르는 증상을 야기한다. 입이 건조해지는 현상은 일각에서 믿는 것처럼 속임수의 신호가 아니다. 이는 누군가가 스트레스를 받거나 불안해하고 있음을 나타낸다.

◇◇◇ **103**

입안의 타액 덩어리	☐ ☐
	○

스트레스나 약물, 질병으로 인해 입안이 건조해지면 타액이 마르고 덩어리질 수 있다. 이 덩어리(작은 탈지면처럼 생겼다)는 입의 가장자리에 모이는 경향이 있다. 긴장하면

입가에서 눈에 띄게 보이기도 한다. 상당히 불편할 수 있으므로 긴장할 때는 물을 마시고 타액 덩어리가 나오지 않게 입을 꼭 다물고 닦는 습관을 가지는 것이 좋다. 이렇게 입이 마르는 증상을 구강건조증이라고 한다.

◇◇◇◇ **104**

껌 씹기	☐ ☐
	○

껌을 씹으면 마음이 효과적으로 진정된다. 껌을 세게 씹는 행위는 우려나 불안의 신호일 수 있다. 어떤 사람들은 스트레스를 받으면 입안에 껌이 없어도 습관적으로 빠르게 씹는 모습을 보인다.

◇◇◇◇ **105**

음성틱	☐ ☐
	○

투렛 증후군Tourette's syndrome(신경 장애로 인해 자신도 모르게 자꾸 왔다 갔다 하거나 빙빙 돌거나 소리를 지르거나 쿵쿵거리거나 욕설 비슷한 말을 되풀이하는 증상—옮긴이)이나 음성틱vocal tics 이 있으면, 잘 모르는 사람들에게 혀 차는 소리, 쩍쩍 소리, 헛기침 소리처럼 갑작스럽게 방출되는 소리를 낼 수

있다. 다른 사람들에게는 이 소리가 걱정스럽게 들릴 수 있다. 스트레스와 근심은 투렛 증후군을 악화시킬 수 있는데, 우리가 할 수 있는 일은 이 증상을 통제할 수 없음을 이해하는 것뿐이다. 팔을 이상하게 움직이는 모습도 종종 나타난다. 투렛 증후군이 있는 사람에게는 창피한 경험이므로, 우리가 할 수 있는 최선은 다른 사람들에게 쳐다보지 말도록 부탁하는 것이다.

106

혀 깨물기/씹기	□ □
	○

어떤 사람들은 스트레스를 받으면 신경을 달래기 위해 혀나 뺨의 안쪽을 깨문다. 이 행위는 신경성 경련으로 진행한 사람들에게서 뚜렷이 나타난다. 혀를 깨문 자리에 상처가 나거나 심하면 궤양이 생기기도 한다. 스트레스를 받으면 이 행동은 더 심해진다. 혀와 뺨 안쪽 깨물기는 반복적으로 머리카락을 잡아당기는 행위처럼 병적인 상태로 발전할 수 있다.

입 스트레칭하기

□ □

○

우리는 두렵거나 실수했다는 사실을 알아차렸을 때 흔히 입가를 아래쪽 양옆으로 크게 늘리며 무심결에 꽉 물고 있는 아래 치아를 드러낸다. 이 행동은 중요한 무언가를 깜박하고 가져오지 않았다는 사실을 깨달은 사람에게서 흔히 볼 수 있다.

하품하기

□ □

○

하품은 턱의 신경과 관절을 자극해 스트레스를 완화하는 효과가 뛰어난 진정 행동이다. 최근에는 하품할 때 빠르게 유입되는 공기가 입천장의 혈액순환을 느리게 만들어 자동차 냉각장치처럼 뇌로 들어가는 혈류량을 떨어뜨린다는 사실이 밝혀졌다. 하품은 무척 화났다는 의미이기도 하고, 인터뷰에서 흔히 볼 수 있듯이 피면접자가 심한 스트레스를 받고 있음을 나타내기도 한다. 또한 아기를 너무 따뜻하게 감싸면 자면서 몸을 시히기 위해 사주 하품할 수도 있다.

담배 피우기	☐　　☐
	○

흡연가들은 스트레스를 받으면 담배를 더 많이 피운다. 어떤 사람이 평소의 흡연량보다 더 많이 피운다면 이는 그 사람이 스트레스를 받고 있다는 증거다. 스트레스가 과도하면 자신이 실제로 얼마나 많은 담배를 피웠는지조차 잊어버릴 수도 있다. 지나친 흡연은 손가락에 담배 얼룩을 남기는 것은 물론 손에 악취를 남길 수 있다.

과식	☐　　☐
	○

어떤 사람들은 스트레스를 받으면 과식을 하며, 때로 평소보다 훨씬 많은 음식을 먹는 경우도 있다. 나는 축구 경기를 보며 탈이 날 정도로 엄청난 음식을 먹는 사람을 본 적이 있다. 자신이 응원하는 팀의 상황에 대한 불안감이 식욕으로 바뀐 것이다.

혀를 뺨 안쪽에 대기	☐ ☐
	○

한쪽 뺨 안쪽에 혀를 대고 단단하게 밀며 그 자세를 유지
하는 행위는 긴장을 완화하는 효과가 있다. 심한 스트레
스를 받거나 정보를 숨기거나 도둑질하고 달아나는 사람
들에게서 가장 잘 나타나는 행동이다. 또 장난기가 많거
나 건방진 사람들에게서도 볼 수 있다.

혀 내밀기	☐ ☐
	○

치아 사이로 혀를 갑자기, 때로는 입술을 건드리지 않고
내미는 행위는 '내가 무언가를 가져갔어.'나 '이런, 들켰
네.'라는 의미를 품고 있다. 또한 사람들은 실수했음을 알
아차렸을 때 이런 행동을 한다. 혀 내밀기는 보편적이어
서, 행위자가 훔쳐 달아난 것이 싸구려 물건이든 쿠키 한
개든 고가의 귀중품이든 또는 행위자의 거짓말이 얼마나
대단하든 상관없이 놀라울 정도로 일관되게 나타난다.

혀로 모욕하기	□　□
	○

거의 모든 문화권에서 혀를 길게 내미는 행위는 혐오감이
나 반감을 나타내며, 상대방을 모욕하기 위해 사용된다.
아이들은 상대를 놀리고 싶을 때 아주 어린 나이부터 사
용한다. 마오리족 같은 남태평양 섬나라의 전사들은 상대
를 위협하고 모욕하는 방법으로 혀를 힘차게 내민다. 무
척 크게 뜬 눈과 길게 내민 혀는 꽤 위압적으로 보이는데,
오늘날에도 마오리족의 전통적인 전투 춤인 하카haka에
서 이 동작을 볼 수 있다.

튀어나온 혀	□　□
	○

사람들은 까다로운 과제를 할 때 자신의 혀를 어느 한쪽
으로 내밀거나 아랫입술에 걸치는 경우가 있다. 내 회계
사는 숫자를 계산기에 입력할 때 이런 행동을 했으며, 대
학생들도 시험을 치를 때 이렇게 행동하곤 한다. 이 동작
을 하는 목적은 두 가지다. 다른 사람에게 바쁘니까 방해하
지 말라는 메시지를 전달하는 동시에 자신을 진정시킨다.

마이클 조던은 농구 경기를 하는 동안 이런 행동을 하는 것으로 유명했다. 그의 혀가 튀어나오면 일반적으로 2득점이 이어졌다.

◇◇◇◇ 115

혀를 입천장에 대고 밀기   ☐ ☐   ○

사람들은 어떤 일로 씨름할 때 혀를 입천장에 대고 밀기도 한다. 시험을 보거나 지원서를 작성하거나 농구 경기에서 슛을 놓쳤거나 심리적 안정이 필요한 사람에게서 이런 행동이 나타난다. 입은 일반적으로 살짝 벌어져 있으며 혀가 부분적으로라도 보인다.

◇◇◇◇ 116

혀로 치아 핥기   ☐ ☐   ○

입술 핥기(145번 참조)처럼 우리는 일반적으로 초조나 불안, 두려움 때문에 입안이 건조해지면 혀로 치아를 핥는다. 혀로 치아나 잇몸을 문지르는 행위는 입안이 건조하다는 신호일 뿐 아니라 스트레스를 완화하는 행동이다. 이 행동이 입을 다문 채 일어나면 입술 밑에서 치아를 따라 이동하는 혀의 움직임을 볼 수 있다.

혀 빠르게 왔다 갔다 하기

	□	□
○		

어떤 사람들은 초조하고 불안하면 스트레스가 해소되길 바라며 자신의 혀를 입의 한쪽 구석에서 다른 쪽 구석으로 빠르게 왔다 갔다 한다(뺨을 통해 움직임을 알 수 있다). 일반적으로 이들은 자신들의 행동이 눈에 띄지 않거나 사람들이 눈치 채지 못할 거라고 생각한다.

손톱으로 치아 튕기기

	□	□
○		

엄지손톱으로 치아를 튕기는 행동은 스트레스를 완화한다. 이 행동을 반복적으로 하는 사람들은 불안해서 마음을 진정하려 하는 것이다. 그러나 명심하자. 모든 반복적인 행동처럼 만약 사람들이 이 행동을 항상 한다면 이 행동은 신경 쓰지 않아도 괜찮다. 이 행동이 이들에게는 '표준'이기 때문이다. 이들이 이 행동을 하지 않는다면 그것이 더 주목해야 할 행동일 수 있다.

치아 드러내기

때때로 사람들은 갑자기 입꼬리를 뒤로 잡아당겨 그 자세를 유지하고 꽉 다문 치아를 드러낸다. 이는 고대부터 이어져 내려온 '두려운 미소fear grin'로, 침팬지가 우두머리 수컷을 겁내거나 두려워할 때 하는 행동과 비슷하다. 인간은 해서는 안 되는 언행을 했다가 들키면 이런 식으로 치아를 드러내는 경향이 있다. 이 행동은 상황에 따라 눈썹 아치형 만들기와 동시에 나타날 수 있다.

꽉 문 치아를 드러내는 '두려운 미소'는 겁을 먹거나 부적절한 언행을 들켰을 때 나타난다.

치아 톡톡 부딪치기

□　□

○

어떤 사람들은 스트레스를 받거나 지루하거나 낙담하면
턱을 살짝 움직여 송곳니를 서로 부딪친다. 이때 입의 어
느 한쪽만 이용하는 경우가 많다. 이 행동은 우리를 진정
시키는 데 도움이 되는 반복적인 신호를 뇌에 전달한다.

목소리 톤

□　□

○

목소리의 톤은 상대를 편안하게 만들 수도 있고 불쾌하게
만들 수도 있다. 우리는 목소리 톤으로 자신에 대한 인식
을 바꾸거나 개선한다. 목소리 톤에 따라 멋지고 다정하
고 친절하고 애정 넘치고 유식해 보일 수도 있고, 수상쩍
거나 화나 보이거나 거만해 보일 수도 있다. 그러므로 목
소리 톤은 매우 중요하다. 아이러니하게도 사람들의 관심
을 받길 원한다면 목소리 톤을 낮추는 것이 가장 효과적
이다. 또 낮은 목소리는 진정시키는 효과가 있다. 아이를
재우는 부모의 목소리가 좋은 예다.

◇◇◇◇ **122**

목소리 음조	☐ ☐
	○

사람은 긴장하면 목소리가 높아지는 경향이 있다. 어떤
사람이 스트레스를 받거나 긴장하거나 불안할 때 목소리
가 높아지거나 갈라지는지 들어보자. 이런 현상은 성대가
긴장하며 발생한다.

◇◇◇◇ **123**

말끝 올리기	☐ ☐
	○

평서문 끝의 어조를 높여 마치 질문하는 것처럼 말을 끝맺
는다. 연구에 따르면 전화 통화 중 단 한 번의 말끝 올리기
만으로도 인상에 부정적인 영향을 미칠 수 있다고 한다.
많은 젊은이가 유행처럼 말끝 올리기를 하고 있는데, 이
는 자신이 없어 머뭇거리는 것처럼 보일 수 있다.

◇◇◇◇ **124**

말 더듬기	☐ ☐
	○

어떤 사람들은 (말할 때 음절을 반복하며) 비정상적으로 말

을 더듬는다. 2010년 영화 〈킹스 스피치〉에서 콜린 퍼스
가 연기한 영국 왕 조지 6세의 경우처럼, 이로 인해 심신
이 상당히 쇠약해질 수 있다. 병적으로 말을 더듬지 않는
사람들도 스트레스나 불안감이 높으면 일시적으로 말을
더듬을 수 있다.

◇◇◇◇ **125**

답변 미루기	□ □
	○

많은 사람이 질문에 대한 답을 미루는 행동을 그 사람이
거짓말을 하거나 신뢰할 만한 답을 생각해 내려고 시간을
벌고 있다는 신호로 오해한다. 정직한 사람도 부정직한 사
람도 모두 대답을 미룰 수 있다. 그러나 그 이유는 다르다.
무죄인 사람이 어떻게 하면 제대로 전달할 수 있을까를
생각한다면, 유죄인 사람은 실제로 무슨 말을 할지 생각
해 내야 한다. 내 경험상 대답을 미루는 행동은 주의를 끌
기는 하지만 속임수를 뜻하지는 않는다. 일부 문화권에서,
예를 들면 많은 아메리카 원주민들 사이에서 답변 미루기
는 드문 일이 아니다. 질문을 받은 사람이 질문의 복잡한
특성과 뉘앙스를 심사숙고하기 때문이다. 또한 스트레스
나 피로도 대답을 지연시킬 수 있다. 공식적인 조사를 받

는 사람도 그 중요성 때문에 대답을 늦게 할 수 있다.

◇◇◇◇ **126**

침묵하기	□　　□
	○

오래 지속되는 침묵이나 그저 '의미심장한 멈춤'도 많은
것을 알려줄 수 있다. 때때로 우리는 정보가 기억나지 않
거나 무언가를 심사숙고할 때 무의식적으로 침묵한다. 협
상가는 일시적으로 침묵하고 상대방이 그 공백을 채우게
하며 침묵을 의도적으로 사용한다. 한편 침묵은 곰곰이
생각하거나 기억해 내려고 애쓰거나 고려하거나 정보를
처리하거나 당황하고 있다는 의미이기도 하다. 뛰어난 연
기자는 면접관처럼 이를 효과적으로 활용할 줄 안다.

◇◇◇◇ **127**

침묵과 정지 반응	□　　□
	○

상대가 무언가를 듣거나 본 후 갑자기 침묵하며 움직임을
멈추거나 호흡에 변화가 생긴다면 주목하자. 이는 상대가
충격을 받았거나, 혹은 알거나 믿는 것을 재검토하게 만
드는 부정적인 것에 반응한다는 의미다.

말을 방해하는 행동	□　　□
	○

회의나 대화를 방해하는 것이 유일한 목적인 행동은 논의
진행을 막기 위해 흔히 사용하는 기술이다. 말 없이 주의
를 산만하게 하거나 반감을 불러일으키는 비언어를 통해
반복해서 방해하는 것이다. 이 행동은 대화를 단절시키고
논점을 불분명하게 하며, 사람들을 화나거나 겁먹게 만들
고 감정적 균형을 잃게 한다. 나는 노동조합 회의에서 조
합원들이 화자를 방해하기 위해 이렇게 행동하는 것을
봤다.

카타르시스를 느끼게 하는 소리 내기	□　　□
	○

이런 종류의 소리 내기는 말에 가깝기는 하지만 말은 아
니다. "오오오"나 "우우우", "후우우" 같은 소리는 온전한
말은 아니다. 이들은 사실상 단어가 아니기 때문에, 우리
가 의미를 힘들지 않게 짐작할 수 있더라도 비언어로 간
주된다. 이런 표현은 특히 외국인에게는 의미가 잘 통하
지 않는다. 그러나 이런 소리 내기는 우리가 누구의 기분

도 상하게 만들지 않으면서 스트레스를 해소하는 데 도움
이 된다.

말의 속도	☐　☐
	○

말하는 속도는 비언어 커뮤니케이션에서 매우 중요하다.
미국의 일부 지역 사람들은 매우 천천히 신중하게 말하는
반면 다른 지역 사람들은 속사포처럼 빠르게 말한다. 말
하는 스타일은 어느 지역 출신이며 어디서 학교를 다녔는
지 등 화자의 특성에 대한 정보를 전해 준다. 어떤 사람의
말하는 속도가 변화했다면 그 사람이 스트레스를 받거나
민감한 질문에 답하기를 꺼린다는 의미일 수 있다.

쉴 새 없이 말하기	☐　☐
	○

말을 절대 멈출 것 같지 않은 사람을 한 번쯤은 만나봤을
것이다. 이들은 그저 긴장했을 수도 있고, 아니면 다른 사
람을 배려하지 못하고 자신에게만 집중하는 사람일 수도
있다. 정확한 판단을 위해서는 상황이 중요하다. 어떤 사

람은 사고로 충격을 받으면 후유증 때문에 횡설수설하며 끊임없이 말하기도 한다. 그러나 파티에서 당신에게 쉬지 않고 지껄이는 남성은 자신이 누구를 제일 중요시하는지를 알려 주고 있다. 그 누구는 당신이 아니다.

두서없이 말하기	☐ ☐
	○

어떤 사람은 사고나 끔찍한 일을 겪은 후에 일관성 없이 이야기를 할 수 있다. 이는 스트레스 때문이거나 뇌에서 감정을 담당하는 부분이 제대로 작동하지 않아 생기는 결과다. 전쟁 지역의 군인이나 난민에게서 볼 수 있듯이 이런 증상은 사고나 비극적인 사건에 따라 몇 시간에서 심지어 며칠 동안 지속될 수 있다.

같은 말 반복하기	☐ ☐
	○

심한 스트레스를 받는 사람들은 특정한 말을 이유 없이 하고 또 할 수 있다. 이들에게 다른 말을 하도록 유도해도 그 노력은 허사가 될 가능성이 높다. 이들은 마치 같은 자

리에서 돌고 도는 고리 안에 갇힌 것 같다. 나는 교통사고를 당한 피해자가 두려움에 휩싸인 얼굴로 "금속"이라는 단어를 반복해서 말하는 것을 본 적이 있다. 그는 이 단어만 말할 수 있었다.

_{∞∞∞} **134**

반응 속도	☐ ☐
	○

어떤 사람들은 질문에 답하기 전에 한참 생각한 다음 말하다가 멈추고 다시 말을 이어 나간다. 또 다른 사람들은 질문이 끝나기도 전에 반응한다. 얼마나 빠르게 대답하는가는 상대가 어떻게 생각하고 정보를 처리하는가에 대한 정보를 제공한다. 반응의 속도가 명민함뿐만 아니라 문화적 환경의 영향도 받는다는 점을 기억하자.

_{∞∞∞} **135**

서둘러 말하기	☐ ☐
	○

언제나 질문에 빠르게 답한다고 해서 좋은 것은 아니다. 어떤 사람이 서둘러 사과해 버리면 그 사과는 의미를 잃는다. 기계적이고 진심을 느낄 수 없기 때문이다. 사람들

을 칭찬하거나 환대할 때도 비슷한 원칙이 적용된다. 이 때는 충분히 시간을 들여야 한다. 급하게 사과하거나 누군가를 인정하는 행동은 불안이나 내키지 않음, 자신감 부족 같은 문제를 시사한다. 여기서 중요한 비언어적 행동은 말의 속도다. 급한 말은 중요한 무언가를 그저 힐끗 보는 것과 같다.

◇◇◇◇ **136**

공백을 채우는 소리	☐ ☐
	○

"아"나 "흠", 기침이나 헛기침 혹은 말 주저하기는 사람들이 일시적으로 할 말이 생각나지 않아서 공백을 메워야 한다고 느낀다는 신호다. 미국인들은 무슨 말을 해야 할지 생각하거나 적절한 단어를 고민하거나 과거의 경험을 기억해 내는 동안 소리를 내서 시간을 메우는 것으로 유명하다. 이 소리들은 실제 단어가 아니므로 준언어나 비언어로 간주된다.

기침이나 헛기침

☐ ☐
○

사람들은 어려운 질문에 답하거나 일을 처리해야 할 때
흔히 기침이나 헛기침을 한다. 대답하기 까다롭거나 의무
적인 질문은 헛기침을 야기할 수 있다. 어떤 사람들은 거
짓말할 때 헛기침이나 기침을 하지만 이것이 속임수의 신
호라고 단정할 수 없다. 정직한 사람도 초조하거나 긴장
하면 이렇게 행동할 수 있기 때문이다.

초조하게 휘파람 불기

☐ ☐
○

휘파람 불기는 진정하는 효과가 있는 숨 내쉬기(98번 참
조)의 하나이며, 스트레스를 완화하는 데 도움이 된다. 이
행동은 진정 효과가 좋다. 그래서 사람들은 어둡거나 적
막한 지역을 혼자 지나가거나 혼자 있는 느낌이 불편할
때 휘파람을 불곤 한다. 영화나 만화에는 등장인물이나
캐릭터들이 묘지를 걸어가는 동안 공포를 떨치기 위해 휘
파람을 부는 모습이 자주 등장한다.

◇◇◇◇◇ 139

쯧쯧, 혀 차는 소리

□ □
○

혀와 치아로 내는 이 소리는 많은 사회에서 의견 불일치를 나타내거나 잘못된 것에 주의를 환기시키거나 창피를 주는 데 사용된다. 혀를 앞니 뒤쪽과 입천장에 댄 다음 짧고 날카로운 소리를 위해 빠르게 안쪽으로 끌어당기면 이 소리가 난다. 한 손가락을 흔들며 이런 소리를 내는 모습은 연주회에서 자주 볼 수 있다. 이는 실수가 일어났음을 알아차렸다는 의미다. 부모들은 아이들이 잘못된 행동을 하려 할 때 이렇게 소리 내며 혀를 찬다.

◇◇◇◇◇ 140

소리 내어 웃기

□ □
○

웃음은 즐거움과 행복, 기쁨을 나타내는 보편적인 표현이다. 웃으면 스트레스와 심지어 고통도 줄어든다. 웃는 행위는 방어를 위한 진화상의 이점 때문에 생겨났는지도 모른다. 웃음의 종류는 다양하다. 진심으로 재미있는 농담을 들었을 때 자유분방하게 낄낄거리는 웃음과 아이들의 즐거운 웃음, 상사의 비위를 맞추기 위해 아부하는 웃음

등이 있다. 웃는 모습은 그 사람에 대해 많은 것을 말해 준다. 상대의 진심이 의심스러우면 감정의 진짜 깊이와 상황을 알기 위해 이 부분을 살펴야 한다.

입술
LIPS

Case No.

Date

☐ ☐ ☐   ○

우리는 스마트폰으로 셀카를 찍을 때나 립스틱을 바를 때 입술이 더욱 매력적으로 보이도록 입술을 오므린다. 나이를 감추기 위해 입술에 콜라겐을 주입하고, 수분을 유지하기 위해 혀로 입술을 핥기도 한다. 신경 말단이 많이 분포해 있는 입술은 압력과 뜨거움, 차가움, 맛, 부드러움, 심지어 공기의 움직임까지도 감지한다. 그러나 입술은 단순히 감지하는 기능을 넘어 감정을 표현할 수도 있다. 입술은 기분이나 좋아함, 싫어함, 심지어 두려움을 전달한다. 우리는 입술을 꾸미고 마사지를 해 주고 보톡스를 맞고 다양한 방식으로 만진다. 그리고 물론 키스도 한다. 어떤 면에서 입술은 우리를 유일무이한 인간으로 만들어 주는 요소들 중 하나다. ❖

도톰한 입술

□ □
○

우리의 입술은 정서적 상태에 따라 크기와 면적이 변한
다. 스트레스를 받으면 작아지고, 마음이 편안하면 더 커
진다. 통통하고 부드러운 입술은 편안함과 만족감을 나타
낸다. 스트레스를 받으면 혈액이 입술에서 나와 신체의 다
른 필요한 부위로 흘러간다. 도톰한 입술은 정서적 상태를
나타내는 표지이기도 하다.

입술로 손 가져가기

□ □
○

손가락으로 입술을 가리는 행위는 불안감이나 의심을 나
타내는데, 이를 판단하려면 전후 사정을 고려해야 한다.
특히 사람들이 의무적인 질문을 받을 때 이 행동을 하는
지 주목하자. 어떤 사람들은 문제를 신중하게 생각할 때
이렇게 행동한다. 반면 어떤 사람들은 이 행동을 모든 상
황에서 자주 한다는 점을 기억하자. 이들에게는 이 행동
이 엄지를 빨던 때를 상기시키는 스트레스 완화 행동이
다. 그러니 추론할 때는 주의하자.

입술 잡아당기기

☐ ☐
○

입술을 잡아당기거나 뜯는 행위는 일반적으로 두려움이나
의심, 걱정, 자신감 부족, 이외의 힘든 상황과 연관 있다.
시간을 흘려보내기 위해 계속 이 행동을 하는 사람들은 신
경 쓰지 말자. 이들에게는 이것이 진정하는 행동이다. 그러
나 평소 이런 행동을 않는 사람이 하는 경우는 확실히 무
언가가 잘못되었음을 뜻한다.

입술 깨물기

☐ ☐
○

입술 깨물기는 진정시키는 행동이며, 스트레스를 받거나
걱정거리가 있는 사람들이 한다. 입술을 깨무는 이유는,
특정 나이가 지나면 엄지를 빠는 행동이 사회적으로 용인
되지 않기 때문이다. 입술을 깨무는 행동은 엄지를 빨 때
와 같이 입안 신경을 자극한다. 무언가 말하고 싶지만 할
수 없거나 해서는 안 될 때 입술을 깨물 수도 있다. 또 분
노할 때 화를 자제하는 방법으로 입술을 깨물기도 한다는
점에 주의하자.

입술 핥기 □ □ ○

입술에 혀를 문지르는 행위는 입술 깨물기처럼 진정을 돕
는다. 이 행동은 일반적으로 걱정이나 불안감, 부정적인
감정과 연관 있다. 그러나 그저 입술이 건조해서 핥을 수
도 있으니 결론을 내릴 때는 신중하자. 입술 핥기는 행위
자가 심한 스트레스를 받고 있음을 나타내는 매우 신뢰할
만한 표지이기도 하다. 교육자로서 나는 시험 준비를 하
지 않은 학생이 시험을 볼 때 이렇게 행동하는 광경을 항
상 본다.

입술 가늘게 만들기 □ □ ○

입술을 가늘게 만드는 행위는 대부분 부정적인 생각이나
걱정, 두려움, 불안감, 자신감 부족과 연관 있다. 문제를
처리하거나 스트레스를 경험할 때 입술이 가늘어지는 경
향이 있다.

∞∞ FBI 관찰의 기술

◇◇◇◇ **147**

입술 꽉 다물기	□　□
	○

우리는 온종일 부정적인 사건이나 불편한 생각, 걱정거리
와 마주하면 윗입술과 아랫입술을 서로 꾹 누르며 입술을
가늘게 만든다. 이런 행동은 잠깐 동안이라고 해도 우리
에게 근심이 있음을 정확하게 전달한다. 입술 꽉 다물기
는 감지하기 매우 어려울 수 있다. 피가 강제로 입술로 몰
리며 입술 색깔이 눈에 띄게 바뀌기도 한다. 입술 꽉 다물
기는 매우 빠르게 일어날 수 있으나(1초의 20분의 1) 갑작
스럽게 생겨난 부정적 감정을 확실하게 드러낸다.

◇◇◇◇ **148**

입술 살짝 힘주어 다물기	□　□
	○

때때로 우리는 다른 사람에게 짜증이 났다는 사실을 입술
을 살짝 힘주어 다무는 것으로 표현한다. 위와 아래 입술
을 모두 사용하는 입술 꽉 다물기와 달리 이 행동에는 일
반적으로 윗입술만 관여한다. 이 행동을 다른 보디랭귀지
와 함께 고려하면 감정을 엿볼 수 있다.

꽉 다문 입술 내리기

☐　☐
○

큰 실수를 저질렀다는 사실을 깨닫거나 잘못을 저지르다
걸린 사람들이 이런 행동을 한다. 이 행동은 눈에 잘 띈
다. 입술은 꽉 다물고, 입 주변의 근육들이 수축하며 입술
이 살짝 내려가고, 윗입술이 늘어나 코에서 멀어지고, 입
부분은 치아에 닿은 채 잡아당겨진다.

입술 꽉 다물고 있기

☐　☐
○

입술을 꽉 다물고 오랫동안 유지하려는 행동은 스트레스
가 심각하거나 걱정거리가 있다는 신호다. 입술 꽉 다물
기는 어떤 면에서는 위기에 대비하는 행위다. 부정적인
무언가를 막기 위해 손으로 눈을 가리는 것과 유사하다.
긴장과 불안감이 더 클수록 입술을 더 오래 꽉 다문다.

입술 안으로 말아 넣기

우리는 심각한 걱정거리가 있거나 불안할 때 입술이 더 이상 보이지 않을 때까지 입 안쪽으로 입술을 밀어 넣는다. 이 행동은 입술의 상당 부분을 볼 수 있는 입술 꽉 다물기(147번 참조)와 매우 다르다. 흔히 극심한 스트레스나 큰 신체적 고통, 격한 정신적 혼란이 있을 때 한다.

입술 떨림

술을 마시지 않았고 신경질환도 없는데 입가가 떨리는 현상은 그 정도에 상관없이 불편함이나 걱정, 두려움, 다른 문제들이 있음을 나타낸다. 부모나 권위 있는 어른에게 심각한 질문을 받은 젊은이들도, 경찰과 대면한 적이 없는 정직한 사람이 심문받을 때 그렇듯이 입술을 떠는 경우가 있다. 나는 불법 약물 복용에 관한 질문을 받은 젊은이들이 입술을 떤다는 이야기를 인사과 직원에게 들은 적이 있다.

입꼬리 내리기	☐ ☐
	○

입술을 꽉 다물고 입꼬리가 아래쪽을 향하면 감정이 상
당히 좋지 않다는 의미다. 이 행동은 심한 스트레스나 불
편함을 강하게 나타내며, 거짓으로 꾸미기 힘들기 때문에
매우 정확하다. 그러나 조심하자. 선천적으로 입꼬리가
내려간 사람들도 있기 때문이다. 이 입 모양은 '그루퍼(농
어목 바리과의 바닷물고기로 입꼬리가 밑으로 처져 있다—옮긴이)'
입과 유사한데, 이 경우 입술을 꽉 다물거나 입술이 완전
히 사라진다.

입술 오므리기	☐ ☐
	○

우리는 무언가에 동의하지 않거나 대안을 생각할 때 입
술을 오므린다(입 앞쪽으로 입술을 단단하게 쥔다). 청자가
화자의 말에 이의가 있거나 오류가 있음을 알았을 때 이
런 표정을 짓는 경우가 흔하다. 오므린 입술이 더 앞으로
나오면 부정적인 감정이나 생각이 더 강하다는 뜻이다.
이 행동의 의미는 매우 신뢰할 만하며, 포커 게임에서 자

사람들은 동의하지 않거나
대안을 생각할 때 입술을 오므린다.
오므린 입술을 옆으로 강하게 끌어당긴다면,
더 강한 의견 불일치를 의미한다.

신의 패가 마음에 들지 않는 선수에게서 볼 수 있다.

155
입술 오므리고 옆으로 끌어당기기

이 행동은 앞서 설명한 오므린 입술과 비슷하지만, 입술을 얼굴의 옆쪽으로 강하게 끌어당기면서 얼굴 모습이 크게 변화한다는 점이 다르다. 일반적으로 이 행동은 순식간에 만들어지지만 의견이 강하게 불일치하는 경우 몇 초간 유지될 수도 있다. 이는 '나는 동의할 수 없어요.' 또는 '질문이나 방금 들은 이야기, 일이 진행되는 방향이 마음에 들지 않아요.'라는 의미를 강조하는 몸짓이다. 이 몸짓이 더 도드라지거나 오랫동안 유지될수록 감정이 더 강하다. O. J. 심슨 재판의 증인으로 나온 카토 카엘린이 증언을 할 때, 그리고 2012 런던 올림픽에서 체조선수 매케일라 머로니가 도마 종목에서 은메달에 그쳤을 때 이런 표정을 지었다.

슬픈 입	☐ ☐
	○

눈과 마찬가지로 입도 감정 상태를 들여다보는 창이 될
수 있다. 슬픔은 일반적으로 아래로 처진 윗눈꺼풀과 함
께 입꼬리가 살짝 내려가는 모양새로 표현되며, 이를 때
때로 그루퍼 입이나 그루퍼 얼굴이라고 부른다. 어떤 사
람들은 선천적으로 이런 모습으로 태어났다는 사실에(이
들의 입꼬리는 항상 내려가 있다) 주의하자. 이들의 경우 이
표정은 부정적인 감정과 연관이 없다.

입 O자로 벌리기	☐ ☐
	○

우리는 놀라거나 괴로울 때 무의식적으로 입술을 알파벳
O와 비슷한 타원형으로 만든다. 왜 이렇게 하는지는 정
확히 밝혀지지 않았지만 전 세계 모든 문화권에서 보편적
으로 나타나는 행동이다. 다른 영장류들도 이 행동을 하
며, 인간도 이 행동을 한다. 에드바르트 뭉크의 그림 〈절
규〉는 이 표정을 가장 잘 표현한 이미지다.

입 벌리고 턱 옆으로 밀기 □ □ ○

턱을 떨어뜨리는 것(179번 참조)과 유사한 이 행동은 사람들이 잘못했거나 실수를 저질렀음을 깨달을 때 나타난다. 한쪽 입꼬리를 옆쪽으로 끌어당기면 턱이 그 방향으로 움직인다. 이와 동시에 움직인 방향의 다물고 있는 아랫니들이 드러난다. 학생들은 흔히 맞혀야 하는 문제를 틀릴 때 이런 식으로 반응한다. 또한 회사원들도 과제를 완수하지 못했다는 사실을 깨달을 때 이런 표정을 짓는다. 이 행동에는 다문 치아 사이로 공기를 빠르게 빨아들이는 행동이 동반될 수 있다.

미소 □ □ ○

진짜 미소는 호의와 선의를 전하는 즉각적이고 확실한 방법이다. 전 세계적으로 미소는 따뜻함과 호의, 사회적 화합의 신호를 보낸다. 우리는 누군가, 특히 아기가 미소 짓는 모습을 보면 흐뭇해진다. 가족 관계나 연애, 사업에서 미소는 가능성과 마음 모두를 열어 준다. 미소의 종류는

지인은 아니지만 존재를 인식했음을 알리는 사회적 미소와 수험생의 긴장한 미소, 상대를 좋아하는 척하는 사람이나 편안하게 행동하려는 사람들의 인위적인 가짜 미소를 포함해 다양하다.

◇◇◇◇ 160

진짜 미소

많은 연구에 따르면 진심이 담긴 진짜 미소에는 입과 눈가의 근육이 관여한다고 한다. 보디랭귀지를 연구하는 폴 에크먼은 이를 뒤센 미소Duchenne smile(미소를 처음 학문적으로 연구한 프랑스 학자 기욤 뒤센의 이름에서 따온 명칭-옮긴이)라고 한다. 진짜 미소를 지으면 얼굴 근육이 긴장이 아닌 진정한 기쁨을 반영하며 눈에 띄게 편안해 보인다. 연구 결과들에 따르면 공식적 환경이든 사적 환경이든 상관없이 진짜 미소는 '전염성'이 있다. 이것이 우리가 사람을 끌어당기는 매력을 지닌 사람들과 어울리게 만드는 특성이다.

가짜 미소	☐ ☐
	○

긴장한 미소 등의 가짜 미소는 다른 사람들에게 모든 것이 문제 없다고 믿게 만들기 위한 지각 조정 perception management (허위 정보를 진짜로 믿게 하는 정보 조작—옮긴이)에 사용된다. 이 미소는 진짜 미소와 상당히 쉽게 구별된다. 가짜 미소는 때때로 얼굴의 한쪽 면만 관여하거나 입꼬리가 눈이 아닌 귀 쪽으로 움직이면서 부자연스러워 보인다. 진짜 미소는 얼굴 양쪽의 눈과 얼굴 근육이 부드럽게 조화를 이룬다.

초조한 미소	☐ ☐
	○

초조하거나 긴장한 미소는 불안이나 걱정, 스트레스를 나타낸다. 초조한 미소는 다른 사람들에게 모든 것이 괜찮다고 생각하게 만들기 위해 짓는 미소다. 이런 미소는 공항 세관을 통과하는 관광객들에게서 흔히 볼 수 있다. 이들은 세관원이 질문하는 동안 초조한 미소를 짓는다.

감정 지표로서의 미소

미소는 우리의 속마음을 얼마나 정확하게 드러낼까? 매우 정확하게 보여준다. 많은 연구에 따르면 운동선수가 1등을 할 때와 2등을 할 때, 3등을 할 때에 따라 미소가 눈에 띄게 달라진다고 한다. 흥미롭게도 다른 사람의 미소를 한 번도 본 적이 없는 선천적 맹인 운동선수도 이렇게 행동한다. 이들의 미소는 성공이나 부족함을 반영한다. 많은 비언어가 우리의 뇌와 단단히 연결되어 있음을 다시 한 번 확인해 주는 예다.

입꼬리 끌어당기기

꼭 다문 한쪽 입가를 옆이나 위로 살짝 끌어당기는 행위는 우월감이나 업신여김, 반감, 불신, 무시를 드러낸다. 상대를 공공연하게 경멸하는 상황에서는 이 행동이 더 뚜렷해지거나 과장되면서 진짜 감정이 확실히 드러난다. 대부분의 경우 입꼬리 끌어당기기에는 얼굴의 한쪽 면만 관여하지만, 어떤 사람들은 양쪽 모두를 이용하며, 의미는 동일하다.

윗입술 올리기	☐ ☐
	○

혐오감이나 부정적 감정, 경멸감, 반감이 생기면 입 한쪽
의 윗입술 가장자리가 살짝 올라가거나 위로 끌어당겨진
다. 감정이 강하면 올라가는 정도가 확연히 드러나기도
하며, 윗입술이 코 쪽으로 일그러지면서 마치 으르렁거리
는 것처럼 치아가 보인다. 이것은 명백한 반감과 혐오감
의 신호다.

혀로 윗입술 문지르기	☐ ☐
	○

어떤 사람들은 긍정적인 감정을 윗입술을 혀로 활기차게
왔다 갔다 하며 핥는 식으로 나타낸다. 혀가 (윗입술로 향하
면서) 본질적으로 중력을 거스르는 행동이므로 긍정적 감
정이 관여할 가능성이 더 크다. 이 행동은 스트레스 해소
와 연관 있는 일반적인 아랫입술 핥기와는 다르다. 그러
나 모든 보디랭귀지처럼 예외가 있다. 스트레스를 덜기
위해 윗입술을 문지르는 사람들도 있다. 그러니 결론을
내리도록 도와줄 다른 확실한 행동들을 찾아보자.

뺨과 턱
CHEEKS AND JAW

Case No.

Date

□   □   □   ○

많은 사람이 뺨은 활동 없이 움직이지 않는 부위로 생각하고, 턱은 씹거나 말하는 용도로만 필요하다고 생각한다. 다시 말해 보디랭귀지 연구에서는 유용하지 않다고 여긴다. 그러나 뺨과 턱은 우리의 얼굴에 독특한 인간의 형태를 부여한다. 우리는 지도자의 턱이 강인해 보이기를 바란다. 패션 업계는 광대뼈가 높은 모델을 원한다. 우리는 매력을 끌어올리기 위해 메이크업 도구로 뺨에 인위적 색을 입히고, 턱수염을 길러 얼굴을 풍성하게 채운다. 에이브러햄 링컨이 턱수염을 기른 이유도 이 때문이다. 흥분이나 수치심으로 붉어진 뺨과 상황이 불확실해지면 위치가 바뀌는 턱, 이 두 부위는 우리에 대해 무언가를 분명히 전해 준다. 이들이 보내는 신호들을 가볍게 생각해서는 안 된다. ❖

갑작스러운 얼굴 경련

□ □
○

얼굴 경련은 얼굴의 어느 부위(뺨, 입가, 눈, 이마)에든 발생할 수 있고, 사람마다 다르게 나타난다. 갑자기 일어나는 신경성 경련의 원인은 대부분 긴장이나 불안이다. 얼굴 경련은 흔히 뺨이나 그 근처에서 일어나는데, 이 부분에 서로 연결된 근육들이 가로질러 존재하기 때문이다.

뺨 누르기

사람들은 스트레스를 덜어 줄 감각을 만들기 위해 손가락으로 뺨을 강하게 밀거나 누른다. 문자 그대로 피부가 움푹 들어가게 만든다. 뺨에 가하는 압력이 강하면 이 행위가 눈에 잘 띈다. 이 행동은 스포츠 게임 관람객들이 응원하는 팀이 경기를 제대로 못할 때 자주 한다. 이 행위는 한 손이나 양손 모두 가능하며, 얼굴 한쪽에만 여러 손가락을 이용해 할 수 있다. 또는 엄지와 검지 또는 중지로 볼을 꼬집는 방식도 있다.

손가락으로
뺨을 강하게 밀거나 누르는 행동은
스트레스를 덜어 줄 감각을
만들기 위해서다.

뺨이나 얼굴 문지르기	□　　□
	○

뺨이나 얼굴 문지르기는 스트레스를 해소하는 좋은 방법
이다. 매우 부드럽게 행해지면 깊은 생각에 빠져 있다는
신호일 수 있다. 정확히 평가하려면 다른 행동들도 함께
고려해야 한다.

뺨 두드리기	☐ ☐
	○

손가락으로 뺨을 두드리는 행위는 현 상태가 지루하며 다음으로 넘어가기를 바란다는 의미다. 지루해 보이는 표정이나 앉은 자세의 변화 등의 다른 신호도 함께 확인하자.

뺨에 틀 만들기	☐ ☐
	○

뺨에 틀 만들기는 벌린 엄지에 턱을 얹고 검지를 펴서 뺨 옆쪽을 따라 붙이는 것이다. 이 행위는 일반적으로 한 손으로 행해지며, 행위자는 무언가를 깊이 고민하거나 수심에 잠긴 것처럼 보인다. 어떤 사람들은 이 행동을 주로 화자가 하는 말을 확신하지 못할 때 하고, 어떤 사람들은 그저 집중하기 위한 수단으로 한다. 남녀 사이의 경우에는 멀리서 관심이 있음을 보여 주는 효과적인 자세가 될 수 있다.

확신하지 못할 때나
고민할 때 나타나기도 하며,
남녀 사이에서는 관심이 있음을 드러내는
자세가 될 수도 있다.

뺨 불룩하게 부풀리기

○

숨을 들이마시지 않고 뺨을 부풀리는 행위는 흔히 의심이
나 신중함, 깊은 생각을 의미한다. 이 행위는 다음에 무엇
을 해야 하는지 확실하지 않거나 불안해하는 사람들이 흔
히 한다. 문제의 해결책을 찾으려고 노력하며 한동안 이
자세를 취하는 사람을 드물지 않게 볼 수 있다.

◇◇◇◇ **173**

뺨 몰래 만지기	☐ ☐
	○

검지로 아주 살짝 뺨을 문지르며 눈에 띄지 않게 진정하는 행동은 스트레스를 관리하고 있음을 나타낸다. 사람들이 코 옆을 만지는 것처럼 진정하는 행동을 감추는 이유는 자신의 불확실함이나 불안, 걱정을 숨기려 하기 때문이다. 몰래 뺨 만지기는 TV에서 인터뷰하는 사람이나 포커 선수가 자주 한다.

◇◇◇◇ **174**

뺨 긁기	☐ ☐
	○

뺨 긁기도 의심과 불안정한 마음을 다루는 방법이며 진정하는 행동이다. 감춰진 의미 때문에 오히려 더 확실한 경향이 있는 몰래 뺨을 만지는 행동보다 시각적으로 더 분명히 드러난다. 네 손가락으로 뺨을 긁는 경우 일반적으로 거리낌이나 망설임, 당혹감, 우려를 나타낸다.

입가 꽉 집기	☐ ☐
	○

손가락으로 입가를 강하게 누르거나 꽉 집는 행위는 스트레스를 완화한다. 만족스럽고 편안한 상태에서는 잘 하지 않는 행동이며, 얼굴 찌그러뜨리기(168번 참조)와는 차이가 있다. 이 행동은 일반적으로 뺨의 살집이 있는 부분을 엄지와 다른 손가락으로 잡고 양쪽 뺨을 입가 쪽으로 잡아당겨 압력을 가하는 것이다. 이때 한쪽 입술 혹은양 입술이 모두 당겨지기도 한다.

뺨 닦기	☐ ☐
	○

극심한 스트레스를 받은 사람들은 종종 손을 얼굴에 대고 누르며 밑으로 끌어내린다. 마치 자신의 얼굴을 깨끗이 닦으려는 것 같다. 이 행동은 보통 귀 바로 앞에서 시작해서 턱뼈 근처에서 끝난다. 더 강하고 길게 누르며 내릴수록 스트레스가 더 극심하다는 의미다. 나는 증권 중개인들이 거래가 형편없는 날에 거래소를 마감하는 종이 울릴 때 또는 운동선수들이 팀이 경기 종료 몇 초 전에 역전당했을 때 이

런 행동을 하는 모습을 봤다.

◇◇◇◇ 177

턱 긴장시키기 □ □ ○

우리는 심기가 불편하거나 화가 나거나 두려울 때 귀 근처의 턱 근육을 긴장시키는 경향이 있다. 스트레스를 받거나 반발심이 생기거나 감정이 격해질 때 턱이 긴장하는지 살펴보자.

◇◇◇◇ 178

턱 위치 바꾸기/움직이기 □ □ ○

턱 위치 바꾸기, 턱 움직이기 또는 반복적으로 턱 (좌우로) 이동하기는 진정 효과가 좋다. 그러나 어떤 사람들은 이 행동을 강박적으로 한다. 그러니 이 행동을 언제 어떻게 하는지 주목하고, 문제가 있음을 나타내는 다른 확실한 행동을 하는지도 살펴보자. 대부분의 사람들은 이 행동을 자주 하지 않는다. 그러므로 이 행동은 무언가가 행위자를 불편하게 하고 있다는 매우 정확한 신호가 될 수 있다.

턱 벌리기	☐ ☐
	○

턱을 갑작스럽게 떨어뜨리며 입을 벌리고 치아를 보이는 행동은 크게 놀랐음을 의미한다. 이 행동은 흔히 충격을 받거나 창피한 상황에 직면한 사람들이 한다. 턱을 왜 떨어뜨리는지는 완전히 밝혀지지 않았지만, 이 행동은 크게 놀랐음을 꽤 정확하게 드러낸다.

◇◇◇◇ **180**

턱 근육 움찔거리기	☐ ☐
	○

움찔거리거나 꽉 조여지고 도드라지는 턱 근육은 초조함이나 긴장, 우려, 걱정, 분노, 부정적 감정들을 나타낸다.

◇◇◇◇ **181**

턱 내밀기	☐ ☐
	○

우리는 화가 나면 턱을 앞으로 살짝 움직이거나 내미는 경향이 있다. 이 행동은 내려오는 위눈꺼풀이나 긴장한 입술과 짝을 이루어 분노를 완전히 감추기 어렵게 만든다.

아래턱
CHIN

Case No.

Date

☐ ☐ ☐   ○

아기 같은 턱이나 둥근 턱, 각진 턱, 처진 턱, 강한 턱, 갈라진 턱, 귀여운 턱, 흉터가 있는 턱 등 아래턱은 종류와 모양이 다양하다. 아래턱은 얼굴과 (필요한 경우) 목을 보호하지만 감정을 자부심이든 수치심이든 상관없이 전달한다. 우리는 누군가가 기분이 저조해 보이면 "턱을 들어 chin up."(영어로 이 표현은 '기운 내'나 '용기를 가져'라는 의미다—옮긴이)라고 말한다. 또 군인들은 턱을 높이 들어 올리고 자랑스럽게 국기에 경례한다. 간단히 말해 아래턱은 자신감, 두려움, 불안, 북받치는 감정 등의 내면 상태에 대해 많은 것을 말해 준다. ❖

아래턱 들어 올리기	☐ ☐
	○

아래턱을 앞쪽으로 쭉 빼서 들어 올리는 행위는 자신감이 있다는 신호다. "턱을 들어."라고 말하는 이유도 여기에 있다. 특정 유럽 문화권(그중에서도 독일과 프랑스, 러시아, 이탈리아)에서 보통보다 높이 들어 올린 아래턱은 자신감과 자부심, 그리고 특정한 경우에 오만함을 나타낸다.

아래턱 떨어뜨리기	☐ ☐
	○

질문을 받았을 때 아래턱이 갑자기 밑으로 내려간다면 자신감이 부족하거나 위협을 느꼈을 가능성이 크다. 어떤 사람들은 이 행동을 눈에 띄게 한다. 이들은 나쁜 소식을 듣거나 아프고 부정적인 무언가를 생각할 때 말 그대로 아래턱을 떨어뜨린다.

아래턱 잡아당기기 □ □ ○

우리는 걱정하거나 불안할 때 본능적으로 아래턱을 목쪽으로 가능한 한 가깝게 가져간다. 생명 유지에 필수적인 기관을 보호하는 자연의 법칙이다. 이 행동은 불안이나 의심, 심지어 두려움을 보여 주는 완벽한 신호다. 누군가에게 질문하자 이런 행동을 한다면 심각하게 해결해야 할 문제가 있다는 의미다. 아이들은 하지 말아야 하는 일에 대해 질문을 받으면 흔히 아래턱을 아래로 내리며 뉘우치는 모습을 보여 준다. 많은 성인도 같은 방식으로 반응한다.

아래턱 숨기기 □ □ ○

이 행동은 일반적으로 아이들이 창피함을 숨기거나, 불만을 타인에게 알리거나, 기분이 상했음을 보여 주기 위해 한다. 이들은 아래턱을 밑으로 집어넣으며 동시에 팔짱을 낀다. 그다음 아래턱을 들어 올리기를 거부한다. 성인의 경우 턱 숨기기는 얼굴을 마주보고 서서 서로에게 화내거나 소리 지르는 남성들 사이에서 볼 수 있다. 이 경우 이 행동은 난폭한 대치 상황에서 목을 보호하는 역할을 한다.

어깨가 축 처지고 아래턱 떨구기	☐ ☐
	○

아이를 키운다면 이 행동도 익숙할 것이다. 아이가 어깨를 축 떨어뜨린 채 아래턱을 떨구거나 숨기려 하는 이유는 '그러고 싶지 않아요.'라는 마음을 전달하기 위해서다. 아이가 팔짱도 낀다면 의심의 여지 없이 거부를 의미한다.

아래턱 만지기	☐ ☐
	○

우리는 무언가를 생각하거나 평가할 때 일반적으로 손가락 끝으로 아래턱을 만진다. 이 행동이 의심스러운 신호라고 단정할 수는 없지만, 주목해야 한다. 입술 오므리기 같은 다른 행동들과 함께 이 행동을 하면 그 사람이 부정적인 일이나 논의의 대안을 심사숙고하고 있음을 시사한다.

손등으로 아래턱 문지르기

많은 문화권에서 이 행동은 행위자가 들은 말을 의심하고 있음을 의미한다. 이 행동은 입술 오므리기와 짝을 이루기도 한다. 아래턱을 양옆으로 또는 앞뒤로 문지를 수 있다.

아래턱 받치기

얼굴 근육을 이완한 상태에서 손바닥에 아래턱을 올려놓는 행위는 지루함을 나타낸다. 그러나 법을 집행할 때는 상황에 따라 가능성이 다양하다는 점을 염두에 두어야 한다. 나는 범죄 수사를 진행하던 중, 죄를 지은 사람이 방에 혼자 앉아 있는 동안 지각 조정(허위 정보를 진실로 믿도록 만드는 정보 조작 – 옮긴이)의 형태로 조사관이 자신이 정말로 결백해서 지루한다고 생각하도록 만들기 위해 이 동작을 취하는 것을 본 적이 있다.

손바닥에
아래턱을 올려놓는 행위는
지루함을 나타낸다.

아래턱을 괴는 것은
일반적으로 까다로운 문제를
깊이 생각하거나,
일시적으로 분노한 상태다.

아래턱 괴기

☐ ☐
○

아래턱을 괴는 행위는 팔꿈치를 테이블 위에 넓게 벌려
올려놓고 아래턱을 두 주먹의 손가락 관절에 올려놓는 것
이다. 이때 그 사람은 먼 곳이나 눈앞의 컴퓨터 모니터를
응시하며, 일반적으로 까다로운 문제를 깊이 생각하거나
일시적으로 분노하여 이마를 찌푸리거나 눈을 가늘게 뜬
다. 누군가가 이런 자세를 취한다면 방해하지 않는 것이
현명하다.

아래턱 움직이기

☐ ☐
○

아래턱을 손바닥 위에 놓고 왼쪽에서 오른쪽으로 움직이
는 행위는 무의식적으로 의견에 찬성하지 않는다는 메시
지를 전한다. 나는 회의실 테이블에 둘러앉은 사람들이
아래턱을 손바닥에 올려놓고 있는 동안 아래턱을 움직이
며 무언의 불만을 표출하는 모습을 가끔 봤다.

수염/콧수염 쓰다듬기	☐ ☐
	○

콧수염이나 수염을 쓰다듬으면 스트레스가 크게 완화되는 경우가 있다. 모든 반복적인 행동들처럼 이 행동을 지나치게 자주 하는 사람은 신경 쓰지 않아도 된다. 수염을 기른 사람들 중 일부는 습관적으로 이렇게 행동하기 때문이다. 그러나 안 하던 사람이 갑자기 하거나 어떤 주제가 언급된 후에 이 행동이 증가하면 이견을 표출하는 중이라고 볼 수 있다. 문화적 맥락도 고려해야 한다. 예를 들어 중동 지역에서는 많은 남성이 흔히 대화를 나누며 수염을 쓰다듬는다. 수염을 기른 남성들 중 다수가 인사를 나누며 수염을 쓰다듬으면 마음이 진정된다고 생각한다는 사실에 주목하자.

옴폭 파인 아래턱	☐ ☐
	○

사람들은 스트레스받거나 심리적 혼란을 경험하거나 울기 직전에 아래턱이 옴폭 파인다. 인내심이 아무리 강해도 이런 표정은 피할 수 없다.

아래턱 근육 떨림

☐　☐

○

갑작스럽게 떨리는 아래턱 근육은 두려움이나 우려, 불안, 근심을 의미한다. 울먹이는 사람들도 이런 행동을 한다. 심리학자 데이비드 기븐스에 따르면, 아래턱을 덮고 있으며 피부 떨림의 원인이 되는 턱근mentalis muscle은 감정을 가장 잘 반영하는 근육들 중 하나다. 때때로 아래턱은 눈보다도 앞서서 심리적 혼란을 드러낸다.

아래턱을 어깨까지 내리기

☐　☐

○

부끄러움이 많거나 심리적으로 상처받기 쉬운 사람들이 이 행동을 자주 한다. 이들은 아이처럼 얌전히 아래턱을 한쪽 어깨에 기댄다. 질문에 답하면서 이렇게 행동하는 사람을 특히 주목할 필요가 있다. 이는 그 사람이 주제를 논의하는 일을 매우 어려워함을 의미한다. 어쩌면 밝히고 싶지 않은 정보가 있을지도 모른다.

아래턱으로 가리키기

많은 문화권 사람들이 목을 길게 빼고 아래턱을 앞쪽으로 늘리며 방향을 가리킨다. 이는 손가락으로 가리키는 행동을 대신한다. 여러 아메리카 원주민 보호구역뿐만 아니라 카리브해 지역과 라틴아메리카, 스페인의 일부 지역, 중동 도처에서 볼 수 있다.

얼굴
FACE

☐ ☐ ☐   ○

얼굴의 개별 부위들은 앞에서 다루었지만, 어떤 행동은 얼굴 전체를 봐야 잘 이해된다. 인간은 얼굴에서 많은 정보를 모으도록 진화했다. 눈과 입은 특별히 우리의 관심을 끈다. 우리는 좋아하는 사람을 볼 때 눈과 입 사이에서 시선이 오가는데, 이 부분이 매우 많은 정보를 드러내기 때문이다. 엄마와 아기는 서로를 각인시키고, 정보를 얻고, 유대감을 형성하기 위해 서로를 거듭해서 살핀다. 카페에 앉아 있는 연인이 아무런 말 없이 서로를 살피는 것과 유사하다. 우리는 자연스럽게 얼굴에 매력을 느낀다. 수백만 개의 단어가 가장 유명한 얼굴인 모나리자를 묘사하기 위해 사용되었다. 그녀의 미소가 너무도 신비하기 때문이다. 우리는 자연스럽게 얼굴에 호기심을 품고, 얼굴에서 특별한 무언가를 보면 매료된다.

얼굴은 감정과 생각, 느낌을 전하고, 우리는 삶의 전반에 걸쳐 끊임없이 얼굴에서 단서를 찾는다. 그리스인들은 얼굴이 "1000척의 배를 출항시킨다."(트로이 전쟁의 발단이 된 헬레네의 아름다움을 가리킨다─옮긴이)라고 했는데, 이는 은유적인 표현이자 사실에 가까운 말이다. 이것 역시 얼굴이 가진 힘이다. ❖

얼굴 피하기

우리는 때로 다양한 이유 때문에 타인과 얼굴을 마주하지 않으려 한다. 이 모습은 법정에서 피해자와 용의자가 마주쳤을 때 또는 다툼이 심한 이혼 절차가 진행되는 동안 흔히 볼 수 있다. 사람들은 주위를 둘러보고 싶어서 얼굴을 피하는 것이 아니다. 이들이 얼마나 빨리 태도를 바꾸는가와 어디를 바라보는가, 얼마나 경직되는가에 따라 회피 행동이 명확해진다.

얼굴 막기

이 행동은 팔꿈치를 테이블 위에 놓고 얼굴 앞에서 양손을 잡는 동작이다. 질문을 받으면 손을 내려놓는 대신에 손 뒤에서 훔쳐보거나 손을 향해 답한다. 행위자는 근본적으로 스트레스나 자신감 부족 때문에 또는 대화 상대를 좋아하지 않아서 스스로를 격려한다. 여기서 손은 심리적 장벽으로 작용한다. 얼굴을 보이기 꺼리는 행동은 흔히 문제가 있음을 강하게 전달한다.

팔꿈치를 테이블 위에 놓고
얼굴 앞에서 양손을 잡는 동작은
심리적 장벽을 만드는 것으로,
뭔가 문제가 있음을 의미한다.

◇◇◇◇ **199**

얼굴 가리기 ☐ ☐ ○

전 세계 사람들이 수치심이나 부끄러움, 두려움, 불안, 근
심이 심하면 손으로 얼굴을 감싸거나 물건으로 얼굴을 가
린다. 경찰에 체포된 사람들이 경찰차로 인도될 때 옷으
로 얼굴을 가리는 경우를 예로 들 수 있다.

얼굴의 감정 비대칭

최근에 얼굴이 여러 감정을 한 번에 드러내는 놀라운 능력이 있다는 사실이 밝혀졌다. 인간은 비웃음과 경멸을 드러내는 동시에 사교적인 미소를 지을 수도 있다. 이는 내면에서 다수의 감정이 경쟁한다는 증거일 가능성이 있으며, 이들이 '누출되면서' 얼굴에 드러난다. 내 관찰에 따르면 왼쪽 얼굴(상대방을 바라보았을 때 오른쪽 얼굴)이 특히 부정적인 감정을 더 정확히 드러낸다. 양쪽이 서로 다른 감정을 보이는 얼굴의 능력을 감정 비대칭성emotional chirality이라고 부른다.

◇◇◇◇ **201**

얼굴 불일치

말과 얼굴 표정이 일치하지 않는 상황은 드물지 않다. 사람들은 어떤 말을 하면서 얼굴로는 다른 의향을 내비칠 수 있다. 사교적인 인사말을 정중하게 교환하며 좋은 말을 건네지만 얼굴은 매우 긴장하거나 반감이나 불편함을 내보이며 진짜 감정을 무심결에 드러내는 경우가 있다.

군중 사이의 특이한 얼굴	☐ ☐
	○

나는 지난 수년간 다양한 민간업체뿐 아니라 미국국토안
전부 비밀수사국과 세부적인 경호 사항들을 다루며 군중
사이에서 눈에 띄는 특이한 얼굴에 대한 직관이 신뢰할
만하다는 사실을 배웠다. 다시 말하면 모두가 행복한 모
습일 때 화가 난 모습이거나, 다른 사람들은 다양한 기분
을 드러낼 때 굳어 있고 경직되어 보이는 사람이다. 항공
사 직원들은 공항의 긴 줄에서 감정이 격앙된 특이한 얼
굴을 하고 다른 사람들과 어울리지 않는 사람이 흔히 항공
사 카운터에서 가장 큰 문제를 일으킨다고 내게 말했다.

혼돈 속의 평온	☐ ☐
	○

이 표정은 흔히 '자기애적 평온narcissistic serenity'이라고 불
리는데, 평온과는 거리가 먼 상황에 어울리지 않게 차분
한 표정을 가리킨다. 리 하비 오스월드(존 F. 케네디의 암살
범으로 지목되는 인물−옮긴이)와 티미시 맥베이(1995년 오클
라호마시티 폭탄 테러를 일으켜 168명의 희생자를 낸 인물−옮긴

이), 버니 메이도프(미국 역사상 최대 규모의 다단계 금융 사기를 주동한 인물 — 옮긴이)는 체포되었을 때 자신들이 처한 상황과 끔찍한 범죄에도 불구하고 모두 이런 이상하게 평온한 표정을 짓고 있었다.

◇◇◇◇ **204**

어울리지 않는 능글맞은 웃음 ('속이는 기쁨')	☐ ☐
	○

저명한 보디랭귀지 전문가 폴 에크만이 만든 용어인 '속이는 기쁨duping delight'은 어떤 일에서 교묘히 빠져나간 사람이 짓는 능글맞은 웃음이나 희미한 미소를 가리킨다. 이 웃음은 혼돈 속의 평온(203번 참조)과 흡사하다. 속이는 기쁨은 누군가를 속이거나 거짓말이 성공했다고 생각하는 사람들에게서 볼 수 있다. 이것은 겸손이나 진지함, 심지어 후회가 더 어울리는 시간과 장소에서 우쭐대며 짓는 미소다.

얼굴 만지기

얼굴 만지기의 목적은 여러 가지다. 이 행동은 타인의 마음을 끌 수 있는데, 모델들이 흔히 잡지 표지에서 자기 얼굴을 만지는 이유도 이 때문이다. 이 행동은 얼굴에 분포한 무수히 많은 신경을 자극해서 마음을 진정하는 데 도움이 되기도 한다. 정확히 판단하려면 전후 사정을 고려해야 한다.

목
NECK

Case No.

Date

☐　☐　☐　　　　　　　　○

목은 우리 몸에서 가장 취약하고 상처받기 쉬운 부위다. 생존에 가장 중요한 모든 것(혈액, 음식, 수분, 전기 신호, 호르몬, 공기)이 목을 통해 흐른다. 머리를 떠받치는 복잡하게 얽혀 있는 수많은 근육과 척수를 보호하는 움푹 들어간 경부의 뼈들cervical bones, 두뇌에 영양분을 공급하는 큰 정맥과 동맥으로 구성된 목은 생명 유지에 필수적이다. 목은 우리가 생각을 하거나 다른 사람을 편하게 여기거나 관심을 가지거나 수용적일 때 신호를 보내지만 흔히 주목받지 못한다. 우리는 어떤 행동을 하는 동시에 목을 만지거나 가리거나 통풍시키면서 비밀스러운 생각이나 느낌을 알린다. 아주 가벼운 접촉이나 애무, 심지어 따뜻한 숨결에도 민감한 목은 신체에서 가장 감각적인 부위 중 하나다. ❖

목 만지기	☐ ☐
	○

가려운 곳을 잠시 긁는 것을 넘어 목을 만지는 행위는 불
안이나 근심, 걱정, 우려, 문제가 있음을 분명히 전달한다.
우리는 얼마나 가볍게 만지는가와 상관없이 무언가 신경
이 쓰이거나 걱정거리가 있을 때 목을 만지는 경향이 있
다. 모든 형태의 목 만지기는 흔히 간과되지만, 이것은 우
리가 무언가에 불편해함을 드러내는 가장 명확한 표현 중
하나다.

흉골상절흔 가리기	☐ ☐
	○

'목 아래의 파인 부분', 즉 흉골상절흔(목젖 밑과 윗가슴 위쪽
의 움푹 들어간 부위)을 만지거나 가리는 행위는 우려나 문
제, 근심, 불안, 두려움을 나타낸다. 남성은 자신의 목이나
목구멍을 강하게 움켜잡거나 넥타이를 고쳐 매거나 옷깃
을 잡으며 이 부위를 손 전체로 가리는 경향이 있다. 여
성은 남성보다 이 부위를 손가락 끝으로 더 자주 가볍게
만지는 경향이 있다. 섬세하게 하든 강하게 하든 상관없

**신체에서 가장 취약한 지점인 목 아래를
만지거나 가리는 행위는 무언가 문제가 있음을 의미한다.
근심, 불안, 두려움 등이 대표적이다.**

이 신체에서 가장 취약한 지점을 가리는 행위는 무언가 문제가 있음을 의미한다. 위협을 느낄 때 목을 가리는 행동은 일반적으로 목을 공격하는 거대한 고양잇과 동물들의 포식 활동을 수없이 경험하며 진화했을 것이다. 이에 대한 더 많은 정보는 『FBI 행동의 심리학』을 참조하라.

넥타이 매듭 만지기

넥타이 매듭은 흉골상절흔과 목을 가려 주는데, 이것을 만지는 행동은 목을 보호하고 불안을 덜어준다. 남성은 흔히 사회적으로 어색하거나 약간 불안할 때 넥타이 매듭을 만진다. 일부 남성들은 진정하는 행동으로서 이 행동을 반복한다. 이와 유사하게 여성은 스트레스를 받으면 목걸이를 만진다(209번 참조).

목걸이 만지기

여성이 목걸이를 만지는 행동의 목적은 흉골상절흔을 손으로 가리는 것이다. 즉, 반복적인 움직임으로 취약한 부위를 보호하고 스트레스를 낮추는 것이다.

셔츠 깃 만지기

셔츠 깃 앞부분을 만지는 행위는 3가지 방식으로 마음을

진정하거나 스트레스를 해소하는 역할을 한다. 이 3가지
는 목 부위를 가리고, 촉감을 이용한 행동을 반복하고, 옷
을 움직여 밑에 있는 피부에 바람이 통하게 하는 것이다.

◇◇◇◇ **211**

목 문지르기	□ □
	○

사람들은 스트레스를 낮추기 위해 흔히 목의 옆이나 뒤를
문지른다. 많은 사람이 이런 행위를 가볍게 여기지만, 사
실 사람들은 일반적으로 무언가가 신경 쓰이게 할 때만
이렇게 행동한다.

◇◇◇◇ **212**

미주신경 문지르기	□ □
	○

미주vagus(라틴어로 '돌아다니는, 방랑하는'이라는 의미다)신경
은 뇌를 심장을 포함한 주요 기관들과 연결한다. 우리는
스트레스를 받으면 목의 옆 부분, 즉 맥박을 확인하는 부
위 근처를 문지르곤 한다. 그 이유는 미주신경을 자극하
면 몸이 아세틸콜린을 분비하는데, 이 신경전달물질이 심
장, 특히 방실 결절에 신호를 보내며 이로 인해 심장 박동

수가 낮아지기 때문이다.

피부 잡아당기기	□ □
	○

아래턱 밑 목 부분의 살을 잡아당기는 행위는 일부 남성들을 진정해준다. 어떤 남성들은 때때로 극심한 스트레스를 받으면 이 부분을 지나치게 세게 잡아당긴다. 여성들은 이런 행동을 하는 경우가 드물다. 나는 스트레스를 받은 남성이 너무 심하게 잡아당기는 바람에 피부가 창백해지는 경우를 본 적이 있다.

목 통풍시키기	□ □
	○

스트레스를 받으면 피부가 달아오른다. 이는 자율신경계의 지배를 받는 심리적 반응이어서 우리가 조절하기 힘들다. 이 현상은 흔히 1초의 250분의 1보다도 짧은 시간에 일어난다. 깃과 목 부분을 통풍시키면, 피부가 붉어지거나 달아오르며 생긴 불편함이 완화된다. 논쟁이나 토론에서 상처를 주는 말이나 지적을 들으면 스트레스를 받아

통풍시키는 행동을 하게 된다. 영화 〈캐디색Caddyshack〉
(1980)으로 유명한 코미디언 로드니 데인저필드를 아는
사람들은 그가 '존중받지 못했을' 때나 특히 스트레스를
받았을 때 영화와 스탠드업 코미디에서 이런 행동을 했음
을 기억할 것이다.

<small>◇◇◇◇ **215**</small>

목 앞에서 주먹 잡기	☐ ☐
	◯

목 앞부분에 주먹을 놓는 행위는 흉골상절흔을 가리는 것
과 목적이 같다. 이 행동은 위협이나 두려움, 근심에 대한
자동적이고 무의식적인 반응이다. 이 행동은 주로 남성들
이 하지만, 극심한 스트레스를 받거나 매우 부정적인 상황
에 직면한 몇몇 여성이 이렇게 행동하는 모습을 보았다.
많은 사람이 주먹이 힘을 상징한다고 오해하는데, 이 경우
에는 방어와 불안함, 반감의 표시다.

<small>◇◇◇◇ **216**</small>

목 정맥 꿈틀거림	☐ ☐
	◯

목에서 정맥이 눈에 띄게 꿈틀거리는 현상은 스트레스와

불안을 나타낸다. 일부 사람들은 두렵거나 분노할 때 목
정맥이 눈에 매우 잘 띄게 꿈틀거린다.

◇◇◇◇ **217**

강하게 삼키기	□　　□
	○

강하게 삼키는 행위는 눈에 잘 띄며 때로는 소리가 난다.
이 행위는 불쾌하거나 위험하거나 극도로 스트레스를 받
으면 자연스럽게 일어나는 반응이며, 신뢰할 만한 고통의
신호다. 이때 목을 둘러싼 근육과 인대가 팽팽해지며 목
젖이 힘차게 오르락내리락한다.

◇◇◇◇ **218**

목 스트레칭	□　　□
	○

목을 스트레칭하거나 원을 그리며 움직이면 스트레스가
줄거나 해소된다. 사람들은 흔히 대답하기 곤란하고 어려
운 질문을 받았을 때 이 행동을 한다.

목과 얼굴 빨개짐	☐　☐
	○

목과 얼굴이 빨개지는 현상은 자극에 대한 자율반응이어
서 통제할 수 없다. 많은 사람이 위협받거나 불안정하다
고 느낄 때, 그리고 매우 드문 경우 거짓말하거나 불법적
인 일로 붙잡힐 때 얼굴을 붉힌다. 이 행동은 그저 순수하
게 쑥스러워하는 것이든 비도덕적인 언행 때문이든 그 사
람이 곤란해하고 있음을 알려준다. 특정 약물이나 음식도
얼굴을 빨갛게 만들 수 있다는 사실을 항상 기억하자.

목젖 뛰기	☐　☐
	○

목젖이 갑자기 위쪽으로 거칠게 움직인다면 방금 행위자
가 신경을 건드리는 이야기를 들었거나 위협 혹은 불안
을 느꼈을 가능성이 있다. 통제가 불가능한 이 반응은 매
우 취약한 상태로 노출되었다고 느낄 때 일어난다. 목젖
의 의학 용어는 후두돌기 laryngeal prominence다. 후두(목소리
를 내는 성대를 포함한 목구멍의 일부) 주위의 갑상연골이 이
것을 튀어나온 모양(돌기)으로 만든다. 일반적으로 여성보

다 남성의 것이 더 크고, 감정적 스트레스 요인들에 매우 민감하게 반응한다.

◇◇◇◇ **221**

목 노출하기 □ □
○

머리를 옆으로 비스듬히 기울이며 목 측면을 노출하는 행위는 무척 자주 사용되지만 사람들이 가장 제대로 이해하지 못하는 보디랭귀지 중 하나다. 우리는 갓난아기를 품

**고개를 비스듬히 기울이며
목을 노출하는 이 행동은 상대를 무장 해제시킨다.
호감을 얻고 싶거나 대립하는 상황에서
매우 유용하다.**

에 안거나 심지어 보기만 해도 본능적으로 머리를 기울인다. 아기는 이 행동을 알아보고 미소와 편안한 얼굴로 답한다. 연애할 때도 머리를 기울이게 된다. 우리는 사랑하는 사람의 눈을 바라보며 머리를 옆으로 비스듬히 기울이면서 취약한 목을 노출한다. 또 사적인 관계와 비즈니스 관계에서 이 행동은 관심을 가지고 경청하고 있음을 나타내기도 한다. 이 행동은 상대를 무장 해제시키며, 대립하는 상황에서 매우 유용하다. 미소와 짝을 이루면 이 행동은 타인을 설득하는 데 큰 도움이 된다.

◇◇◇◇◇ **222**

경직된 목	□　　□
	○

사람들은 주의를 기울이고 수용적이며 편안하면 목을 평소보다 옆으로 기울이며 더 많이 노출한다. 그러나 편안한 감정이 희미해지면 목이 빠르게 뻣뻣해진다. 경직된 목은 과도한 예민함과 경계심을 나타낸다. 방금 들은 내용에 동의하지 못하거나 심각한 문제를 논의해야 한다는 의미일 수도 있다. 누군가의 목이 편안한 상태에 있다가 빠르게 경직되면 무언가가 확실히 잘못되었다는 신호다.

어깨
SHOULDERS

	Case No.
	Date

☐　☐　☐　　　　　○

넓거나 좁거나 다부지거나 연약하거나 멋지거나 매력적이거나 처지거나 상관없이 우리의 어깨는 우리에 대해 많은 정보를 알려 준다. 우리는 올림픽 수영 선수의 넓은 어깨나 세계 정상급 발레리나의 근육질 어깨를 멀리서도 알아볼 수 있다. 조각상 같은 모델의 맨 어깨가 우리의 관심을 사로잡듯이, 비즈니스 정장의 어깨 패드는 사람을 도드라지게 만든다. 어깨는 침울할 때 처지거나 당당하게 서 있을 때 넓게 뒤로 펴지면서 우리를 대변한다. 어깨는 인물 됨됨이와 성취, 생각과 느낌에 관해 놀라운 것들을 알려 준다. ❖

한쪽 어깨 들어 올리기

	□ □
	○

질문에 답하며 한쪽 어깨를 귀 쪽으로 들어 올리는 행위는 일반적으로 불확실이나 의심을 나타낸다. 이 행동은 대답 망설이기, 몸 쪽으로 팔을 가까이 끌어오기 등과 비슷하게 본인의 말에 자신이 없음을 보여 주는 좋은 신호다. 협상에서 한쪽이 "이것이 제시할 수 있는 가장 좋은 가격인가요?" 같은 질문을 했는데 한쪽 어깨를 들어 올린다면 일반적으로 협상의 여지가 있다는 신호다. 한쪽 어깨를 올리며 하는 대답은 자신이 한 말을 완전히 보장할 수 없음을 시사한다.

관심을 보여주는 어깨

	□ □
	○

정면으로 시선을 맞추는 가운데 느리고 의도적으로 한쪽 어깨를 들어 올리며 어깨 쪽으로 머리를 기울이는 행동은 개인적인 관심을 나타낸다. 이런 행동은 남녀 관계에서 좋아하는 상대를 바라보는 여성이 많이 한다.

양쪽 어깨 높이 유지하기

☐   ☐
○

양쪽 어깨를 (귀 쪽으로) 들어 올리고 그 자세를 유지하는 행동은 대부분 불안정이나 의심을 나타낸다. 이 행동을 '거북이 효과turtle effect'라고 부른다. 근본적으로 이 행위자는 공개된 상황에서 숨으려고 한다. 여기서 높게 올라간 어깨는 자신감의 신호가 아니다. 지원자를 요청받은 사람들의 무리나 답하기 어려운 질문을 받은 학생들이 이런 행동을 하곤 한다.

양쪽 어깨를 들어 올린 채
유지하는 행동은
대부분 불안이나 의심을 나타낸다.
근본적으로 숨으려는 의도를 드러낸다.

빠르게 어깨 으쓱하기

□ □
○

사람들은 질문을 받았으나 답을 모를 때 흔히 양쪽 어깨를 눈에 띄게 빨리 들었다 내린다. 빠르게 위를 향하는 움직임은 중력을 거스르는 행동으로서 대개 긍정적인 감정과 연관 있다. 그러나 이 경우는 다르다. 이들은 정말로 답을 모르는 것이다. 이 행동은 ("모릅니다."라고 답하며) 천천히 양어깨를 으쓱하거나 한쪽 어깨를 망설이며 으쓱하는 행동보다 더 솔직하다.

더 깊이 앉기

□ □
○

회의가 진행되는 동안 의자 안으로 더 깊이 가라앉는 행동은 불안이나 자신감 부족을 드러낸다. 이 행동은 거북이 효과처럼 공개된 상황에서 숨는 방법이다. 행위자는 자신이 호명되는 것을 바라지 않는다. 그러나 어떤 사람들은 그저 무심하거나 흥미가 없어서 이렇게 행동할 수도 있음에 주의하자. 이들의 행동은 양쪽 어깨가 테이블보다 낮으므로 눈에 띈다.

어깨·쇄골 문지르기	☐ ☐
	○

긴장되고 스트레스가 많은 면접에서 어떤 면접 대상자들
은 한 손으로 가슴을 가로질러 반대쪽 어깨를 누르곤 한
다. 이때 손은 천천히 쇄골을 지나 가슴 쪽으로 움직인다.
그다음 때때로 가슴 부분을 손으로 누르며 맴돌거나 이
모든 과정을 반복할 수도 있다. 촉각을 이용한 반복적 행
동은 스트레스나 불안을 완화하는 데 도움이 된다.

어깨 활짝 펴기	☐ ☐
	○

힘을 뺀 상태에서 넓게 어깨를 펴는 행위는 자신이 책임
자라는 신호와 권위, 자신감의 표현인 경우가 많다. 흔히
운동선수와 군 장교가 이런 행동을 한다. 이것이 비즈니
스 정장에 어깨 패드를 넣는 이유다. 정장을 입은 사람을
더욱 강하고 권위 있어 보이게 만들기 때문이다.

손바닥을 위로 들어 올리고 머리는 비스듬히 기울인 채 어깨 올리기	☐	☐
	○	

양손의 손바닥을 위로 올리고 머리를 한쪽으로 기울인 채 한쪽이나 양쪽 어깨를 들어 올리는 이 행동은 '제발요, 왜 안 되죠?'라는 표현이다. 이는 간청하는 행동이다. 성인뿐만 아니라 아이들도 이 행동을 하고, 흔히 심판이 불리한 판정을 재고해 주길 바라는 운동선수가 이런 행동을 하는 모습을 볼 수 있다.

절하기	☐	☐
	○	

어깨를 포함한 상반신을 앞으로 살짝 숙이는 이 행동은 의식적으로 또는 무의식적으로 행해질 수 있다. 전 세계적으로 많은 사람이 지위 높은 권위자가 앞에 있을 때 다양한 형태로 절을 한다. 아시아 사람들은 런던에서 영국 여왕의 신하가 하듯이 존경의 표시로 허리를 숙여 절한다. 절하기의 기원은 무리의 구성원 모두가 우두머리 수컷(인간의 경우는 권위가 높은 사람)에게 몸을 낮추는 유인원의 행동과 큰 연관이 있다. 이 행동의 보편성을 보여 주는

증거로 콘키스타도레스^{conquistadores}(신대륙 발견과 더불어
중남미 대륙에 침입한 16세기 초의 스페인 정복자들을 말한다－옮
긴이)가 신세계에 도착한 당시 상황을 들 수 있다. 이들은
자신들이 이사벨라 여왕의 궁전에서 그랬던 것처럼 아메
리카 원주민들도 그들의 왕에게 허리 숙여 절하거나 굽실
거리는 모습을 봤다.

팔
ARMS

Case No.

Date

☐　☐　☐　　　　　　○

팔은 몸을 보호하고 균형을 맞춰 주며 물체를 옮기도록 해 줄 뿐만 아니라 좋은 의사소통 수단이기도 하다. 우리는 스트레스를 받을 때 팔로 스스로를 포옹하고, 1등으로 결승선을 통과한 경우 팔을 들어 올린다. 아이는 애정이 담긴 포옹을 갈구할 때 팔과 손을 뻗는다. 팔은 끊임없이 우리를 보좌하고 따뜻하게 해 주고 타인을 돌봐 주며, 느낌뿐만 아니라 욕구까지 전달한다. 팔은 우리가 생각하는 것보다 훨씬 많은 일을 한다. ❖

포옹하기	☐ ☐
	○

모든 형태의 포옹은 보편적으로 친밀함과 좋은 감정, 따스함, 협력을 나타낸다. 일부 문화권에서 (라틴아메리카의) 아브라소abrazo라고 하는 짧은 포옹은 악수처럼 인사할 때 나누는 몸짓이다. 이 행동을 어떻게 하는가를 보면 당사자들이 서로를 어떻게 생각하는지를 알 수 있다. 미국 운동선수들과 영화배우들이 서로 브로 허그bro hug(주로 남성들끼리 하는 포옹을 말한다-옮긴이)를 하는 모습을 생각해 보자. 관찰자로서 나는 두 사람이 서로를 진정 어떻게 생각하는지를 알기 위해 항상 이 포옹과 얼굴 표정에 주목한다.

활발한 몸짓	☐ ☐
	○

활발한 몸짓은 우리의 감정을 반영하고 타인이 우리에게 관심을 기울이게 만든다. 크게 몸짓하며 말하는 행위는 자신을 강하게 드러내 보이며, 역동적인 커뮤니케이션에 필수적이다. 많은 문화권 사람들이 의미를 강조할 때 과

장된 몸짓을 한다. 문화권이 다른 사람들은 이런 몸짓을
싸울 기세라고 오해할 수도 있다.

◇◇◇◇◇ **234**

말하면서 몸짓하기

나는 "우리는 왜 몸짓을 하나요?"라는 질문을 자주 받는
다. 몸짓은 의사소통에 없어서는 안 되는 부분이다. 몸짓
은 중요한 점을 강조할 뿐만 아니라 주의를 끌고 유지하는
데 도움이 된다. 심지어 몸짓은 말할 때나 단어들을 기억
해 낼 때 큰 유연성을 발휘하게 해 주며 화자를 돕는다. 또
서로 간의 메시지 수용과 기억에 많은 영향을 미친다. 메
시지에 이를 반영하는 몸짓이 더해지면 메시지는 힘을 얻
는다. 우리는 말할 때 몸짓을 적절히 할 수 있기를 원한다.
성공적인 테드 강연(테드^{TED}는 Technology, Entertainment,
Design의 약자로 미국의 비영리 재단에서 운영하는 강연회다. 이
곳에서 진행하는 강연을 테드 강연이라고 한다─옮긴이)을 보면
최고의 강연자가 활용하는 필수적인 요소가 몸짓임을 알
수 있다.

양팔 몸에 대고 손목 꺾기

이 행위는 흔히 큰 기쁨을 자제하려는 동작이다. 사람들은 스스로에게 만족하지만 이 감정을 드러내고 싶지 않을 때 양팔을 몸에 밀착하고 내린 상태에서 손을 들어 올려 손목이 거의 90도로 꺾이게 만든다. 이때 손바닥은 아래를 향한다. 사람들은 기쁨을 통제하려 하거나 들키고 싶지 않을 때 이 행동을 할 수도 있다. 이 행동은 어깨 들어 올리기와 기쁨이 묻어나는 얼굴 표정을 동반하기도 한다.

**양팔을 몸에 붙인 채
손목이 위로 꺾인 상태라면,
큰 기쁨을 자제하는 중이다.**

큰 기쁨/환희 드러내기

⬜ ⬜
○

큰 기쁨이나 환희 드러내기는 중력을 거스르는 경향이 있다. 다시 말해 몸짓은 몸의 위쪽이나 바깥쪽으로 만들어진다. 실제로 우리는 열광할 때 팔과 손가락을 쫙 펴고 자리에서 벌떡 일어나기도 한다. 긍정적인 감정들은 중력을 거스르는 몸짓을 하도록 만든다. 그래서 전 세계적으로 스포츠 경기에서 나타나는 환희의 몸짓은 비슷하다. 두 팔을 들어 올리는 것이다.

뒷짐 지기

⬜ ⬜
○

팔과 손을 등 뒤에 두는 것은 왕의 자세다. 영국 엘리자베스 여왕과 찰스 왕세자, 그리고 다른 영국 왕족들은 흔히 다른 사람들이 멀리 떨어져 있기를 바랄 때 이런 자세로 걷는다. 이들만이 아니다. 우리도 이 행동으로 타인에게 공간을 달라는 신호를 보낸다. 무관심과 연관 있으므로 다른 사람들에게 사랑받기 좋은 행동은 아니다. 흥미롭게도 어린아이들은 부모가 손을 등 뒤로 숨기는 동작을 좋아하지 않는다.

∞∞∞ **238**

경직된 팔	□ □
	○

팔은 어떤 사건에 겁먹거나 압도되었을 때 자주 뻣뻣해진
다. 이때 팔은 몸통 옆에서 움직이지 않으며 부자연스럽거
나 로봇처럼 보인다. 경직된 팔은 부정적인 일이 방금 일어
났음을 보여 주는 강력한 신호다.

∞∞∞ **239**

겨드랑이 노출하기	□ □
	○

겨드랑이(액와)를 포함해 팔 안쪽을 노출하는 행위는 다
른 사람들과 함께 있는 것이 편할 때 나타난다. 특히 여
성은 누군가의 주의를 끌고 자신의 관심을 보여주기 위
해 이 행동을 취하기도 한다(뒤통수를 긁으며 관심이 있는 사
람 쪽으로 곧장 겨드랑이를 노출한다). 반대로 겨드랑이가 노
출되어 있을 때 우리를 불편하게 만드는 누군가가 가까이
다가오면 우리는 즉각 겨드랑이를 가린다.

팔짱 끼기/자신 포옹하기

□   □
○

자신을 포옹하는 행동은 누군가를 기다리는 동안이나 공공장소에서 영화를 볼 때, 자신을 조금은 위로할 필요가 있을 때 스스로를 편안하게 해 주는 효과적인 방법이다. 이것이 많은 비행기 탑승객이 화장실을 이용하기 위해 줄서 있을 때 팔짱을 끼는 이유다. 우리는 다양한 이유로 팔짱을 낀다. 여기 보고된 몇 가지 이유를 소개하겠다. "팔짱을 끼면 편안해요." "팔이 피로할 때 도움이 돼요." "팔짱을 껴서 가슴을 가려요." "호기심이 생길 때 팔짱을 껴요." "내 배를 가려 줘요." 모두 다 이유가 있으며, 대부분의 경우 이 행동은 사람들을 편안하게 해 준다. 많은 사람이 팔짱 끼는 행동을 사람을 멀리하는 것으로 오해하지만, 보통은 그렇지 않다.

팔짱 끼기/보호하기	□ □
	○

어떤 경우에는 팔짱을 끼는 행위는 편안하게 해 주는 몸
짓이라기보다 보호 수단이다. 우리는 불안하거나 위협을
느낄 때 무의식적으로 취약한 복부를 가리려고 한다. 이
런 경우 팔은 더 긴장되어 있으며, 얼굴에서 심리적으로
불편한 기색을 엿볼 수 있다.

팔짱 끼기/자기 제지하기	□ □
	○

사람들은 기분이 좋지 않을 때 스스로를 제어하기 위해
팔짱을 끼기도 한다. 항공기에서 쫓겨나 공항 카운터 앞
에 서 있는 승객을 생각해 보자. 느슨하게 자신 포옹하기
(240번)가 힘을 거의 주지 않는 것과 달리 이 행동은 감정
이 통제 불가능해질 때 문자 그대로 팔을 제지하는 데 도
움이 된다. 이 행동은 일반적으로 적의를 드러내는 얼굴
표정을 동반한다.

팔짱 끼기/반감	□　　□
	○

우리는 좋아하지 않는 사람이 옆에 있으면 거리를 두거
나 스스로를 격리하기 위해 양팔을 배 위에 가로질러 놓
는다. 일반적으로 이 행동은 불쾌하게 생각하는 누군가를
보자마자 일어나는 것이 특징이며, 반감을 매우 정확하게
전달한다. 이 행동은 긴장한 얼굴과 상대로부터 돌아선
발 등이 동반되므로 자신 포옹하기와 구별된다.

팔짱 끼기/문지르기	□　　□
	○

많은 사람이 가슴 위로 팔짱 끼는 행동을 편안하게 여긴
다. 그러나 반대편 어깨나 팔을 문지르는 행동은 행위자
가 스트레스받고 있거나 걱정거리가 있음을 뜻할 수도 있
다. 이 행동은 테이블에 팔꿈치를 올리고 앉아 있을 때 발
생할 가능성이 크다. 나는 의자에 앉은 채 자신 포옹하기
의 한 형태로 스트레스나 걱정을 줄이기 위해 반대편 팔
을 문지르는 사람들을 본 적이 있다.

팔짱 끼기/팔목 잡기

범죄 수사 과정에서 심문받는 사람들은 불리한 정보를 접하는 경우 앉은 상태에서 갑자기 손을 배 위로 뻗어 반대편 손목을 잡곤 한다. 주위에서 어려운 질문을 받거나 비난을 받은 사람이 곧바로 이런 행동을 하는지 살펴보자. 포커 선수도 자신의 패가 나쁘거나 별 볼 일 없을 때 이행동을 하는 모습이 관찰되었다.

팔 벌리기

의자 몇 개에 걸쳐서 또는 소파에서 팔을 벌리고 앉는 사람들은 영역 표시를 통해 자신감을 보여 주는 중이다. 고위급 중역들이 부하 직원들보다 이 행동을 자주 한다. 팔을 벌리고 앉아 있던 사람이 그보다 지위나 신분이 높은 사람이 나타나면 팔을 앞으로 수습하는지를 관찰해 보자.

팔꿈치 바깥쪽으로 벌리기	☐ ☐
	○

사람들은 강하고 자신감이 있을 때 팔꿈치를 테이블이나 책상 위에 넓게 벌리며 점차 더 많은 공간을 차지한다. 이 행동은 무의식적으로 행해지는 경향이 있다. 행위자는 일반적으로 자신이 자신감에 차 있음을 광고하고 있다는 사실을 모른다.

팔꿈치 좁히기	☐ ☐
	○

우리는 테이블 위에 팔을 올리고 앉아 있을 때 불안하거나 위협받는다고 느끼면 테이블 위의 팔꿈치를 서로 가까이 한다. 우리는 이 행동을 측정 도구로 삼아 다양한 주제를 논의하는 사람들이 얼마나 열성적이거나 자신감이 있는지를 평가할 수 있다.

자신감 있을 때 팔꿈치를 넓게 벌리며

점차 더 많은 공간을 차지하는 반면,

불안하거나 위협받는다고 느끼면 팔꿈치가 점점 가까워진다.

팔꿈치 구부리기	☐ ☐
	○

이 행위는 하는 말을 강조하고 싶을 때 손을 골반 부위에 대고 (나비가 날개를 퍼덕이듯이) 팔꿈치를 굽힌 채 팔을 양 옆으로 펼치는 동작이다. 자신감을 드러내는 영역 표시 중 하나다. 나는 고위 간부와 코치, 군 장교들이 특정한 사항을 강조하며 이 행동을 하는 모습을 본 적이 있다.

상대방 팔짱 끼기	☐ ☐
	○

세계의 여러 지역에서 걷거나 앉아 있을 때 다른 사람이 팔짱을 끼는 행동은 당신이 그 사람과 가까운 사이거나 굉장히 사적인 대화를 나누고 있다는 신호다. 이 행동을 하면 서로의 골반이 가까워지는데, 이는 일이 잘 돌아가 고 있다는 의미다. 지중해 국가들이나 남아메리카에서는 남성이든 여성이든 팔짱을 끼고 걷는 모습을 자주 볼 수 있다.

손목을 노출하는 행동	☐ ☐
	○

흔히 손목은 마음의 창문으로 여겨지지 않지만, 실제로는 손목도 창문이 될 수 있다. 우리는 좋아하는 사람과 함께 있거나 다른 사람들이 주변에 있는 상황이 편해지면 팔목 아랫부분을 노출하곤 한다. 여성은 근처에 있는 사람에게 관심이 있거나 상대를 편하게 느끼는 경우 음료수 잔이나 담배를 잡으며 팔목 안쪽을 노출한다. 그러나 편하지 않다고 느끼는 순간에는 팔목을 돌려 바깥쪽만 노출한다. 인간의 변연계는 가장 민감한 부위들(팔 안쪽, 목, 배)을 싫어하거나 위협적인 존재들로부터 멀어지게 하며 스스로를 보호한다.

소름	☐ ☐
	○

'닭살'이라고도 부르며, 추위나 공포에 대한 무의식적 반응이다. 일반적으로 팔과 다리에 나타난다. 소름은 피부 표면의 털이 일어서게 만드는데, 이것이 의학 용어로 모발기립증horripilation이나 입모piloerection(立毛)라고 부르는

이유다(253번 참조). 영장류는 겁먹을 때 이 현상을 뚜렷하게 나타낸다. 털이 일어서면 몸집이 더 커 보인다. 인간은 대부분의 털이 사라졌기 때문에 소름을 통해 입모 증상의 흔적만 볼 수 있을 뿐이다.

◇◇◇◇ **253**

곤두선 **털(입모)**	□	□
	○	

팔과 몸통, 목 뒤에 난 털이 눈에 띌 정도로 일어설 때가 있다. 진화적 관점에서 이 현상은 다른 영장류와 마찬가지로 두렵거나 겁먹거나 무서울 때 몸을 더 크게 보이도록 만드는 반응으로 여겨진다. 우리가 무의식적으로 사람이나 장소, 상황을 잠재적 위험으로 받아들이면 뒷목의 털이 곤두선다. 이런 느낌이 들면 주의하자. 개빈 드 베커의 저서 『서늘한 신호』에 따르면 이런 싫은 감정이나 위험을 무의식적으로 감지하는 신호를 무시해서는 안 된다.

과도하게 흐르는 땀	☐ ☐
	○

스트레스를 받는 사람들은 몸이 증발 작용을 통해 환기하려 하므로 갑자기 많은 땀을 흘릴 수 있다. 많은 마약 밀매업자가 국경 세관을 통과할 때 겨드랑이 주위에서 땀을 흘리고 목이 번들거려 세관원에게 들키고 만다. 과도한 땀은 무언가를 숨기거나 범죄와 연관되었을 가능성이 있다는 신호다. 그렇다고 해서 땀을 흘리는 모든 사람이 죄인이라는 의미는 아니다. 그저 더 관심을 가지고 볼 필요가 있다는 얘기다.

자해	☐ ☐
	○

정서적으로 불안정하거나 우울한 사람들 혹은 경계성 성격 장애가 있는 사람들은 스스로를 의도적으로 베거나 긋거나 화상을 입힐 수 있다. 이런 흔적들을 알아보는 일은 도움의 핵심 열쇠가 되어 준다. 이들은 스스로 다른 사람에게 도움을 구하지 않을 수도 있지만, 자해를 통해 자신의 정신건강에 필요한 것들을 비언어적으로 전하고 있다.

바늘 자국	☐　☐
	○

헤로인 혹은 주사기를 이용하는 마약을 하는 사람들은 팔 안쪽의 정맥에 흉터 자국이 있다. 약물에 오래 중독된 사람들은 이 자국이 눈에 매우 잘 띌 수 있다.

손과 손가락
HANDS AND FINGERS

Case No.

Date

인간의 손에 필적하는 것은 없다. 손은 메스를 쥐고 까다로운 수술을 하거나, 붓을 잡고 시스티나 성당의 천장화를 그릴 수도 있다. 손은 사람이 태어날 때 부드럽게 잡아 줄 수도 있고, 나무를 베기에 충분한 힘으로 도끼 손잡이를 손쉽게 움켜잡을 수도 있다. 우리의 손은 일하고 놀고 자신을 보호하는 데 필수적이며, 우리는 우리를 둘러싼 세상과 상호작용하기 위해 매일 손에 의존한다. 또 학교 앞 건널목에서 교통정리를 하든, 오케스트라를 지휘하든, 친구에게 빨리 오라고 신호를 보내든 효과적으로 소통하기 위해 손을 사용한다. 우리의 손은 우리의 열정과 바람, 능력, 근심, 그리고 가장 중요하게는 부드러운 접촉을 통해 타인에게 끊임없이 애정을 전달한다. ❖

손의 상태	☐　☐
	○

사람의 손을 보면 많은 것을 알 수 있다. 잘 손질된 손과 상처나 굳은살이 있는 손은 그 사람의 직업을 보여 줄 수도 있다. 사무직 근로자의 손은 콘크리트공의 손과 상당히 다르다. 때로는 손가락의 움직임이나 떨림뿐만 아니라 손의 상태로 신경질환뿐 아니라 관절염도 알아차릴 수 있다.

손 다듬기	☐　☐
	○

잘 손질된 손은 그 사람이 건강하다는 신호다. 손톱의 길이가 적당하고 깨끗한 손가락은 그 사람이 자신을 돌본다는 사실을 나타낸다. 이는 지저분하거나 깎지 않은 손톱, 단정하지 않은 큐티클, 손가락을 물어뜯은 자국이 있는 경우와 대조된다. 데이트할 때 혹은 직장에서 우리는 흔히 손이 얼마나 잘 정리되었거나 건강해 보이는지로 그 사람에 대해 결론을 내린다.

접촉 빈도	□ □
	○

상대방을 얼마나 자주 만지는가는 상대를 어떻게 생각하
는지를 전달하는 좋은 방법이다. 접촉의 정도는 어느 정
도 문화적으로 결정되지만, 대부분 우리는 관심이 있는
사람을 더 자주 만진다.

접촉 방법	□ □
	○

손을 이용한 접촉은 공손하거나 다정하거나 유쾌하거나
감각적일 수도 있고, 조심스럽거나 부드럽거나 배려하거
나 진정시킬 수도 있다. 가벼운 피부 접촉은 척추를 따라
흐르는 전율을 느끼게 하며 성적 욕망을 자극할 수도 있
다. 실제로 가벼운 접촉은 강한 접촉과는 다른 식으로 뇌
를 자극한다. 사려 깊게 손바닥 전체로 애정을 담아 만짐
으로써 피부 표면의 혈액이 전달하는 따스함은 신생아는
물론 연인에게 무척 많은 것을 전해 줄 수 있다. 그러나 직
장에서 상사가 손끝으로만 어깨를 톡톡 두드리며 "잘했
네."라고 말하면 불편하고 오싹해진다. 이 몸짓이 부자연

스럽고 의미 없음을 알기 때문이다.

접촉과 사회적 지위

대부분의 문화권에서 우리가 누구를 어떻게 만질 수 있는가는 사회적 관습에 좌우된다. 거의 모든 사회에서 위치가 높은 사람이 위치가 낮은 사람을 반대의 경우보다 자주 만진다. 직장에서 상관이 직원의 어깨를 토닥이는 모습을 직원이 상관의 어깨를 토닥이는 모습보다 자주 볼 수 있다. 이외에도 우리는 언제 어느 부위(예를 들면 팔 또는 팔꿈치)를 접촉하는 것이 좋은지, 그리고 언제 접촉해야 상대가 고맙게 받아들이는지를 알아야 한다.

정치인의 악수

정치인의 악수press the flesh는 정치인이 악수하다 혹은 팔을 꽉 잡다, 포옹하다, 아기를 품에 안거나 뽀뽀하다는 의미로 흔히 사용된다. 정치인들에게 악수하기는 자신의 인간다운 면모를 드러내고 신체를 접촉하며 결속을 확립하는 기회가 될 수 있다. 우리가 타인과 접촉할 때 옥시토신(우리를 사회적으로 결속시키는 강력한 호르몬)이 분비되며, 문자 그대로 화학작용에 의해 관계가 형성된다.

∞∞∞ **263**

손을 골반 위에 올리고 엄지가 뒤를 향하는 자세	□	□
	○	

손을 골반 부위에 놓고 엄지는 뒤를 향하며 팔꿈치를 옆으로 펴는 이 행동은 우월감의 표현이다. 상황에 대비하며 경계하거나, 논의할 사항이 있거나, 문제가 있다는 신호다. 항공사 직원의 말에 따르면, 탑승객이 줄을 서서 기다리는 동안 이런 행동을 하면 그 사람은 십중팔구 불만이 있다고 한다. 이 행동은 무척 권위주의적으로 보이며, 아이들에게 사용하기 좋은 몸짓이 아니다. 부모가 마치 군대의 훈련 교관처럼 보이면서 의사소통을 제약하기 때문이다.

∞∞∞ **264**

손을 골반 위에 올리고 엄지가 앞을 향하는 자세	□	□
	○	

이는 호기심을 나타내는 행동에 가깝다. 엄지의 위치가 사소한 사항 같지만 실제로는 큰 의미가 있다. 사건의 목격

엄지의 방향에 주목하자.
뒤를 향한 상태라면 우월감의 표현이다.
반면 앞을 향한 경우는
호기심을 나타내는 행동에 가깝다.

자들은 흔히 이 자세로 서서 사건을 떠올리고, 사건 관계자들(경찰, 소방대원)은 엄지를 뒤로 하고 있는 경우가 많다.

영역을 주장하는 손의 표현

	□ □
	○

사람들은 가벼운 협박의 한 형태로 책상이나 테이블에 자신의 손을 벌린 채 올려놓는다. 성난 고객들이 고객센터에서 직원과 언쟁을 벌이며 손으로 더욱 더 많은 공간을 차지하는 모습을 심심치 않게 볼 수 있다. 감정이 격해지면 양손이 점점 멀리 벌어지는 모습에 주목하자.

테이블에서 팔 떨어뜨리기

	□ □
	○

테이블에 놓여 있던 팔이 갑자기 경직되며 테이블에서 떨어지는 행위는 그 사람이 듣거나 논의된 내용에 동의하지 않거나 위협을 느꼈을 수도 있다는 명백한 신호다. 이 동작은 속도가 중요하다. 더 빠를수록 더 심각하다는 의미다.

물건 만지기	☐ ☐
	○

장신구나 다른 물건을 만지는 행동(시계태엽 감기, 연필 두
드리기, 스마트폰 확인하기)은 마음을 진정하는 역할을 한다.
이런 행동은 흔히 입사 면접 차례를 기다리거나 그저 시
간을 보내는 사람들에게서 볼 수 있으며, '대리 접촉'(291
번 참조)과는 다르다.

물건 배치	☐ ☐
	○

우리는 영역을 확립하기 위해 (책상 위의 연필과 종이든 극장
의자에 걸쳐 놓은 재킷이든) 주변에 물건들을 놓기도 한다. 또
한 물건을 배치하는 행동은 누군가에게 관심이 적거나 관
계가 위태롭다는 신호일 수도 있다. 예를 들어 상대방과의
관계가 긍정적이면 레스토랑에서 상대를 더 잘 보기 위해
앞에 놓인 물건을 치우는 경향이 있다. 상황이 반대로 흐르
는 경우에는 테이블을 가로지르는 장벽의 역할을 하도록
꽃이나 음료수 병을 시선이 향하는 방향에 놓는다. 말을 하
며 물건을 옮기면 이 의미는 특히 뚜렷해진다.

손으로 첨탑 모양 만들기

이 동작은 양손의 손가락들을 펴고 끝을 마주 보게 붙인 후 손바닥을 떼어 손이 아치형 첨탑처럼 보이게 만드는 것이다. 보편적인 자신감의 표현이며, 주로 지도자들이 사용한다. 독일의 총리 앙겔라 메르켈이 손으로 첨탑 모양을 자주 만들기로 유명하다. 그러나 어떤 사람이 자신감에 차 있다고 해서 그의 말이 항상 옳다고 할 수는 없다는 사실을 명심하자. 자신이 아는 정보가 틀렸는지도 모르고 자신 있게 말할 수도 있기 때문이다. 어쨌든 첨탑 모양 만들기는 생각하고 말하는 것에 대해 확신하며 다른 사람을 설득하는 데 유용하다.

손으로 수정된 첨탑 모양 만들기

수정된 첨탑 모양은 똑바로 세워 맞닿은 양손 검지를 제외한 모든 손가락을 깍지 끼는 동작이다. 일반적인 손 첨탑 모양보다 겸손하게 뉘우치는 듯이 보인다. 그러나 이 제스처도 확신과 자신감을 나타낸다.

모양새는 확연히 다르지만,
두 첨탑 모두 확신과 자신감을 나타낸다.

준비된/활성화된 손 자세	□　　□
	○

이 자세는 배 앞쪽 허리선 부분에서 양손이 손가락을 편
상태로 약 35센티미터 떨어져 마주보는 동작이다. 화자
는 흔히 중요한 순간에 청자의 주의를 끌기 위해 이 동작
을 취한다. 이 자세는 손바닥이 위를 향하는 심문받는 손
자세(272번 참조)와는 다르다. 이 자세는 마치 공을 들고
있는 것처럼 손바닥이 서로를 바라본다. 대중 연설에서 유
용하게 사용할 수 있는 동작이다.

∞∞∞ **272**

손바닥이 위를 향한 자세	□　　□
	○

심문받는 손 자세라고도 알려져 있다. 보편적으로 받아들
여지거나 신뢰받기를 원하는 사람들이 취하는 겸손과 준
수, 협력의 신호다. 손바닥이 위를 향하는 동작은 '저는
결백합니다.', '숨기는 것이 없어요.', '제발 부탁합니다.',
'당신의 명령에 따르겠습니다.' 등의 의미를 전한다. 또한
이 동작은 종교 의식에서 겸손함과 신앙심을 나타내기 위
해 사용된다.

손바닥이 아래를 향하는 자세

□ □
○

손바닥이 아래를 향하는 자세는 위를 향하는 경우보다 긍정적이다. 이 행동은 테이블 위에서 또는 상징적으로 허공에서 취할 수도 있다. 양손을 사용하는 몸짓에서 두 팔이 멀리 벌어질수록 또는 손을 더 세게 내려놓을수록 확신이 크다. 손바닥으로 테이블을 강하게 누르며 "제가 하지 않았습니다." 같은 단정적인 선언을 하면 확실성이 더 강해지는 경향이 있다. 거짓말을 하는 사람들은 이 동작을 제대로 하지 못한다. 일반적으로 이들의 동작은 지나치게 소극적이다.

손바닥이 아래를 향하고 손가락 펼치기

□ □
○

어떤 사람이 손바닥을 확고하게 아래로 향하고 손가락을 활짝 펼치며 "제가 하지 않았습니다." 같은 선언을 한다면 이 말은 진실일 가능성이 높다. 나는 거짓말하는 사람들이 이 제스처를 성공적으로 해내는 모습을 본 적이 없다. 아마도 뇌의 생각 부위가 감정 부위와 일치하지 못하기 때문일지도 모른다. 다시 말해 무슨 말을 해야 하는지는 알지만("제가 하지 않았습니다.") 뇌의 감정적 부분이 완전히 확신하지 못하기 때문에 이를 어떻게 극적으로 표현할 수 있는지 모르는 것이다.

◇◇◇◇ **275**

손의 사용 제한	☐ ☐
	○

연구자들, 특히 알데르트 브레이 같은 학자는 사람들이 거짓말할 때 손과 팔의 사용이 줄어드는 경향이 있음에 주목했다. 이것은 유력한 단서일 수 있지만 단순히 수줍음이 많거나 불편해서 그럴 수도 있다. 그러므로 그 사람의 일상적인 행동의 기준을 아는 것이 매우 중요하다. 어떤 경우든 행동에 주목해야 하지만 이를 무조건 속임수와 연관시키지는 말아야 한다.

◇◇◇◇ **276**

손깍지 끼기	☐ ☐
	○

양손을 문지르는 행동은 근심이나 의심, 염려, 불안을 전달한다. 손으로 얼마나 단단하게 깍지를 끼느냐는 스트레

스의 정도를 반영한다. 손가락이나 손에 생긴 빨갛고 흰
자국은 불안함이 커졌음을 나타낸다.

◇◇◇◇ **277**

손가락 잡기	☐　☐
	○

우리는 어떤 사람을 처음 만나거나 약간 불안할 때 몸 앞에
서 자신의 손가락을 가볍게 잡는 경향이 있다. 이 행동은 촉
각을 이용해 스스로를 안정시키는 효과가 있다. 영국의 해
리 왕자는 이 행동을 자주 하는 것으로 유명하다. 하지만 해
리 왕자뿐만 아니라 우리는 모두 참을성 있게 줄을 서서 기
다리거나 초면인 사람과 대화를 나눌 때 이런 행동을 한다.

◇◇◇◇ **278**

불안정한 손	☐　☐
	○

흥분하거나 스트레스를 받으면 손을 가만히 두지 못할 때
가 있다. 물론 이 현상은 신경장애나 질병, 약물 때문일
수 있지만, 건강한 사람이라면 이 행동에 주의할 필요가
있다. 사람들은 스트레스를 받을 때 실수로 와인 잔 같은
물체를 넘어뜨릴 수도 있고 손에 든 숟가락을 떨기도 한

다. 사고를 당하거나 끔찍한 소식을 접하면 손가락과 손이 통제 불가능하게 떨릴 수도 있다.

◇◇◇◇ **279**

닻을 내린 손	☐ ☐
	○

우리는 어떤 물체를 차지하면 타인에게 그것이 자기 것이라는 신호를 보낸다. 이런 행동은 사람에게도 적용된다. 좋아하는 사람과 이야기할 때 손을 그 사람에게 닻처럼 고정시켜 다른 사람들이 접근하지 못하게 한다. 이런 모습은 술집이나 파티에서 자주 볼 수 있다. 남성들은 다른 사람들이 끼어들지 못하게 정박지에 영구히 고정된 것처럼 그 주위를 돈다. 이는 영역 표시다.

◇◇◇◇ **280**

얼굴 향해 손 내밀기	☐ ☐
	○

이 행동은 언쟁이 벌어졌을 때 상대를 모욕하기 위한 최후의 수단으로 사용될 수 있다. 손바닥을 들어 올려 다른 사람의 면전에 내미는 동작은 '그만 해.', '듣기 싫어.', '당신과는 말도 섞고 싶지 않아.'라는 의미다. 이는 매우 모

욕적인 행동으로 받아들여질 수 있다. 다정한 대화에서는 볼 수 없는 행동이고, 비즈니스에서도 마찬가지다.

◇◇◇◇ **281**

답하며 자기 만지기

	☐ ☐
	○

질문에 답하며 몸짓으로 메시지 전달을 돕는 대신 진정하는 행동(손으로 자기 몸을 만지거나 쓰다듬기)을 하는 사람을 주목하자. 지난 수년간 나는 이런 사람이 답하며 손으로 요점을 분명히 보여주는 사람들에 비해 자신감이 부족하다는 사실을 깨달았다.

◇◇◇◇ **282**

엄지 세우고 깍지 끼기

	☐ ☐
	○

말을 할 때 양손의 엄지는 세우고 나머지 손가락은 깍지를 끼는 행위는 자신감을 나타낸다. 사람들은 보통 자신의 무릎이나 책상, 테이블 위에 손을 올리고 이 동작을 취한다. 엄지는 요점을 진심으로 강조할 때 올라간다. 이 자세는 자신의 말에 대한 확신의 정도를 나타낼 뿐만 아니라 그 순간에 느끼는 감정에 따라 변할 수 있는 매우 가변적

인 행동이다.

엄지 내리고 깍지 끼기	□ □
	○

엄지를 내린 채 깍지를 낀 손가락은 낮은 자신감이나 부정적인 감정을 보여 주는 동작이다. 우리는 자신의 말에 확신이 있으면 무의식적으로 엄지를 올리는 경향이 있다. 앞서 언급했듯이 이 행동은 매우 가변적이다. 엄지는 대화를 나누는 동안 대화 내용을 진심으로 느끼는 정도에 따라 올라갔다 내려올 수 있다.

엄지 문지르기	□ □
	○

엄지 문지르기는 가볍게 진정하는 효과가 있는 행동이다. 이때 양손을 깍지 끼고 위에 있는 엄지로 아래의 엄지를 반복적으로 문지른다. 사람들은 일반적으로 무슨 일이 일어나기를 기다릴 때 이런 행동을 한다. 그러나 말하면서 살짝 긴장하거나 불안할 때도 이런 행동을 할 수 있다.

엄지 빙글빙글 돌리기 □ □ ○

엄지를 빙빙 돌리는 행동은 시간을 보내거나 가벼운 스트레스를 처리하는 방법이다. 이 행동의 반복적인 움직임은 뇌를 진정하는 효과가 있다.

손가락 가까이 붙이기 □ □ ○

우리는 걱정하거나 당황하거나 초라해지거나 겁을 먹거나 궁지에 몰렸다고 느끼면 무의식적으로 손가락 사이의 공간을 더 좁게 만든다. 극단적인 경우 걱정이 매우 심해지면 손가락이 잘 보이지 않게 안으로 동그랗게 오므린다. 우리 뇌의 변연계는 위협을 감지하면 손가락을 조인다.

엄지 멀리 떨어뜨리기 □ □ ○

우리는 자신감이 있을 때 엄지를 검지에서 멀리 떨어뜨린다. 이 행동은 손이 테이블 위에 놓여 있을 때 더 쉽게 관

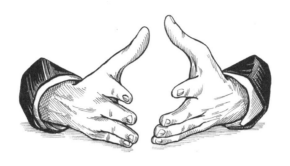

엄지와 검지의 거리로 그 사람의 자신감 정도를 가늠할 수 있다. 즉, 떨어져 있을수록 더 강한 확신을 나타낸다.

찰된다. 실제로 엄지와 검지의 거리가 그 사람의 자신감 정도를 가늠하는 측정기 역할을 할 수 있다. 또한 말에 얼마나 확신이 있는지를 나타낼 수도 있다. 더 멀리 떨어져 있을수록 확신이 더 강하다.

◇◇◇◇ **288**

┌─────────────────────────────┬──────────┐
│ **엄지 움츠리기**   │ □   □ │
│   ├──────────┤
│   │ ○   │
└─────────────────────────────┴──────────┘

우리는 불안하거나 위협을 느끼면 무의식적으로 엄지를 움츠리며 다른 손가락 옆에 바짝 붙이거나 밑으로 밀어 넣는다. 어떤 사람이 갑자기 이렇게 행동하면 근심이나

걱정거리가 있거나 위협을 느낀다는 의미다. 생존 전략인
이 행동은 개가 도망이나 싸움에 대비해 귀를 밑으로 접
어 스스로를 더 능률적으로 움직일 수 있게 만드는 것과
유사하다.

∞∞∞ **289**

엄지 내보이기

재킷의 옷깃이나 바지의 멜빵을 잡으며 자신의 엄지를 내
보이는 사람들을 살펴보자. 나는 법정에서 변호사들이 이
런 동작을 취하는 모습을 자주 보았다. 엄지를 세우는 다
른 동작들처럼 이 행동도 자신의 행동과 생각, 말에 자신
이 있다는 의미다.

∞∞∞ **290**

엄지 세워 오케이 신호 보내기

미국에서 이 제스처는 모든 것이 좋다는 매우 긍정적인 신
호다. 한때는 사람들이 남의 차를 얻어 타기 위해 관례처
럼 사용했다. 중동 같은 일부 문화권에서는 들어 올린 엄
지가 남근을 상징하기 때문에 피해야 하는 동작에 속한다.

대리 접촉	□ □
	○

우리는 연애 초반에 때때로 상대방과 신체를 더 가까이 접촉하고 싶지만 아직은 너무 이르다고 느낄 때가 있다. 그래서 이런 바람을 물체에 대신 담는다. 자신의 팔을 어루만지거나 유리잔을 손으로 반복적으로 쓰다듬는 행동이 좋은 예다. 대리 접촉은 흔히 우리가 바라는 상대와의 접촉을 다른 물체에 효과적으로 대신하며 스트레스를 완화해 준다. 이에 더해 상대방에게 자신의 바람을 은근히 내비치는 행동이기도 하다.

상호 접촉	□ □
	○

누군가가 우리에게 손을 뻗어 접촉하고, 이에 대한 반응으로 우리도 상대를 만지는 행동이다. 일반적으로 상대와 사회적 조화를 이루며 편안한다는 표시다. 그러므로 이 행동에 대응하는 행동이 없다면 문제가 생겼다는 의미일 수 있다. 흔히 직장에서 좌천되거나 해고되려 할 때 통보되기 며칠 전부터 관리자 쪽의 상호 접촉이 줄어든다. 이

별을 앞둔 연인들 사이에서도 마찬가지다.

가구에 의지하기

□　□
○

어떤 선언을 하며 의자나 책상, 연설대의 모서리를 붙잡는 행위는 의심과 불안의 신호라고 볼 수 있다. 나는 계약서에 서명하고 싶지 않지만 해야 할 때 이렇게 행동하는 사람들을 본 적이 있다. 관찰자의 입장에서 상대방이 무엇이 불안해서 이렇게 행동하는지 항상 주의 깊게 살펴봐야 한다.

달라붙는 행동

□　□
○

아이들은 스트레스를 받으면 위안을 얻기 위해 가장 가까이에 있는 가족의 옷을 움켜잡는다. 부모나 물체가 없으면 자신의 옷이 애착 담요라도 되는 것처럼(근본적으로 그렇다) 움켜잡기도 한다. 이런 촉각적 경험은 심리적으로 큰 안정감을 줄 수 있다. 성인들도 입사 면접이나 연설을 준비하며 이렇게 행동하는 경우가 있다. 위대한 테너였던

루치아노 파바로티는 손수건을 쥐고 공연했다. 그는 인터뷰에서 이 행동이 자신에게 '안도감'과 '평안함'을 주었다고 했다.

∞∞∞ **295**

손으로 강조하기

☐　☐
○

우리는 편안한 상태일 때 자연스럽게 손짓을 하고 메시지를 강조한다. 어떤 문화권에서는, 특히 지중해 국가에서는 사람들이 더욱 힘을 주어 손짓을 하며, 이런 몸짓은 전후 맥락에서 매우 중요한 역할을 한다. 뛰어난 연설가들도 손짓을 자주 사용한다. 연구에 의하면 사람들이 거짓말을 할 때 갑자기 손짓 횟수가 줄어든다고 (이와 동시에 강조를 덜 한다고) 한다. 무슨 이유에서든 자신의 말에 자신감을 잃으면 손동작이 갑자기 소극적이 되거나 억제될 가능성이 있다.

중지 들어 보이기	☐　☐
	○

선구적인 심리학자 폴 에크먼은 상대에게 반감을 품은 사람들이 무의식적으로 자신의 얼굴이나 몸을 긁으며 또는 그저 내려온 안경을 제자리로 밀어 올리며 '손가락'(일반적으로 쌍욕을 할 때 사용하는 중지로, 사용하기 적절하지 않은 손가락이다)을 들어 올리는 현상에 처음으로 주목했다. 이 동작은 무의식적인 경멸의 표시다.

손가락질하기	☐　☐
	○

전 세계 대부분의 사람들은 다른 사람이 자신을 손가락으로 가리키는 행동을 좋아하지 않는다. 특히 비즈니스나 남녀 관계에서 누군가를 가리켜야 한다면 한 손가락 대신 손 전체를 사용하자. 물건을 가리킬 때도 마찬가지다. 예를 들어 어떤 사람을 의자로 안내할 때는 의자를 손가락으로 가리키는 대신 손 전체로 가리키자.

손가락으로 찌르기

☐ ☐

○

손가락으로 누군가의 가슴이나 얼굴을 찌르는 듯한 행위는 매우 적대적인 행동으로, 어떤 사람을 문제의 원인으로 지목할 때 사용된다. 실제로 신체적 접촉이 일어나는 경우 이 행동은 보다 위협적으로 받아들여진다.

손가락을 지휘봉처럼 사용하기

☐ ☐

○

말이나 억양, 음악의 리듬을 유지하기 위해 검지를 사용하는 동작이다. 이 동작은 말의 요점을 따라가며 메시지를 강조한다. 지중해 국가에서 흔히 볼 수 있는데, 이 행동이 적대적이기보다는 강조하기 위해 사용되는 문화적 특성임을 이해하지 못하는 사람들은 이런 '흔들어 대는' 손가락을 기분 나쁘게 여기기도 한다.

양손으로 밀어내기

□ □

○

일반적으로 대중 앞에서 연설하는 사람들이 이렇게 행동하곤 한다. 이들은 양 손바닥이 청중을 향하게 앞으로 들어 올리고 상징적으로 청중을 밀어내는 몸짓을 한다. 이 몸짓은 '당신 기분을 이해해요.'라고 말하면서 '저리 가요.'라는 부정적인 메시지를 무의식적으로 전달한다.

손톱 깨물기

□ □

○

손톱이나 큐티클을 깨무는 행위는 긴장이나 불안을 완화하는 방법으로 걱정이나 자신감 부족, 불안을 나타낸다. 평소 손톱을 물지 않던 사람도 극심한 스트레스를 받으면 갑자기 손톱을 물기도 한다. 이 행동은 피부를 상하게 하며, 심하면 손가락에 궤양이 생기거나 주변의 큐티클이나 건강한 조직이 파괴되면서 병적인 문제를 야기할 수도 있다.

손가락으로 두드리기	□　□
	○

손가락으로 테이블이나 다리를 두드리는 행동은 시간을
흘려보내는 동작이며, 다른 반복적인 행동들처럼 마음을
진정하는 효과가 있다. 비즈니스 상황에서는 누군가가 나
타나거나 말이 끝나기를 기다리며 이렇게 행동하는 모습
을 볼 수 있다. 이는 '자, 이제 그만 넘어가죠.'라는 의미를
담은 제스처이며, 뺨 두드리기(170번 참조)와 유사하다.

주머니에 손 집어넣기	□　□
	○

타인과 이야기하며 한 손이나 양손 모두를 주머니에 넣
는 행동은 마음을 편안하게 해 준다. 그러나 지나치게 격
식이 없어 보이고, 일부 문화권에서는 무례하게 여기기도
한다. 손을 주머니에 넣고 있는 행동을 수상쩍게 보거나
거짓말의 신호로 오해하는 사람들도 있으니 주의하자.

주먹 문지르기	☐ ☐
	○

주먹을 다른 손으로 문지르는 행위는 스스로를 제어하고 진정하는 효과가 있다. 이 행위는 일반적으로 그 사람이 힘들어하거나 걱정하거나 큰 갈등을 겪고 있음을 의미한다. 포커 선수나 증권 거래인, 또는 거금이 순식간에 오가는 곳에서 일하는 사람들이 이 행동을 흔히 한다.

주먹 쥐기	☐ ☐
	○

어떤 사람들은 이야기를 하며 '논점을 제대로 전달하기 위해' 주먹을 쥔다. 이런 행동은 드물지 않으며, 특히 적극적이고 열성적인 화자가 자주 한다. 반면 자신이 말할 순서를 기다리며 주먹을 쥐는 사람은 흔하지 않다. 이런 경우는 일반적으로 해결되지 않은 문제나 억압된 에너지가 있거나, 일종의 신체적 반응을 예상하고 있음을 암시한다. 패기 넘치는 행동과 모험을 좋아한 시어도어 루스벨트는 마치 소용돌이치는 에너지를 억제하려는 사람처럼 자리에 앉을 때 손을 항상 동그랗게 말아 주먹을 쥐었다.

손으로 손바닥 문지르기

손바닥에 손가락을 문지르면 마음이 진정된다. 이 행동을
반복적이거나 평소보다 세게 한다면 불안과 걱정이 그만
큼 더 크다는 의미다. 손바닥은 같은 손의 손끝이나 반대
쪽 손으로 문지를 수 있다.

손가락 교차하고 문지르기

사람들은 걱정이나 스트레스, 불안, 공포를 느낄 때 곧게
세운 양 손가락을 교차시켜 앞뒤로 문지르며 스스로 진
정하기도 한다. 손가락이 서로 엇갈리면 자극을 가할 수
있는 표면이 더 넓어지고, 이때 손과 손가락을 앞뒤로 움
직이며 긴장을 완화한다. 이 행동은 무언가가 매우 잘못
되었거나 누군가가 극심한 스트레스를 받고 있음을 가장
잘 보여 주는 신호이며, 일반적으로 문제가 심각한 수준
에 이르기 전에는 잘 나타나지 않는다. 상황이 덜 심각하
면 이 행동 대신 손을 비틀거나 손가락을 교차시키지 않
은 채 손을 맞대고 문지르는 경우가 많다. 이 행동의 두드

러진 특징은 손가락을 꼿꼿이 세워 교차시킨다는 것이다.

손깍지 끼고 손바닥 위나 아래로 향하기	□　　□
	○

이 행동은 스트레스를 해소하기 위해 손가락을 깍지 끼는 행동을 극단적으로 변형한 동작이다. 깍지를 낀 다음 손바닥은 위로 향한 채 양손을 얼굴 쪽으로 끌어 올리고 팔꿈치는 밑으로 내려 아치형을 만든다. 이렇게 하면 어색한 모양의 삼각형이 만들어진다. 또는 손바닥이 아래로 향하는 경우 가랑이 앞에서 깍지를 끼고 손가락 관절이 부러질 것처럼 꺾는다. 손의 근육과 관절, 힘줄에 힘을 가하면 팔과 손가락이 뒤틀리는데, 이 행동이 스트레스를 줄여 준다. 나는 한 십대 청소년이 엄마가 오기를 기다리다가 부모님의 자동차를 박살낸 후 이런 행동을 하는 모습을 본 적이 있다.

손가락 관절 소리 내기	☐ ☐
	○

손가락 관절에서 뚝뚝 소리를 내는 행위는 진정 효과가
있다. 어떤 사람들은 이 행동으로 긴장을 누그러뜨리는
듯하며, 그래서 긴장하거나 초조하거나 심지어 따분할 때
도 손가락 관절로 소리를 낸다. 손가락 관절 하나하나마
다 개별적으로 소리를 내거나 모든 손가락에서 한꺼번에
소리를 낼 수도 있다. 이 행동은 스트레스가 심할수록 빈
도가 증가한다.

깍지 낀 손가락에서 손가락 관절 소리 내기	☐ ☐
	○

이 행동은 손을 깍지 끼고 엄지가 아래를 향하게 한 다음
손가락 관절을 꺾어 소리가 날 때까지 팔을 앞쪽으로 쭉
편다. 이와 유사한 다른 비트는 동작들처럼 이 행동도 심
리적 불편함이나 스트레스, 불안감이 높음을 암시한다.
또 손가락을 깍지 끼고 관절에서 소리를 내므로 이중으로
진정된다. 일반적으로 여성보다 남성이 더 자주 한다.

다리 측면 톡톡 두드리기	□　□
	○

사람들은 조급하거나 짜증이 나기 시작할 때 자신의 다리
(보통 바지 주머니 근처)를 손바닥으로 톡톡 두드린다. 나는
호텔에서 체크인을 기다리는 사람들이 이런 행동을 하는
모습을 항상 목격한다. 촉각을 이용하는 이 반복 행동은
기분을 전환하고 마음을 가라앉힌다.

모양내기	□　□
	○

새들만 깃털을 다듬으며 모양을 내는 것이 아니다. 인간
의 모양내기는 형태가 다양하다. 넥타이 바로잡기나 팔찌
고쳐 매기, 셔츠의 주름 펴기, 머리 정돈하기, 립스틱 바
르기, 눈썹 다듬기 등이 좋은 예다. 우리는 누군가에게 큰
관심이 있고 최상의 모습을 보여 주고 싶을 때 모양을 낸
다. 특히 어떤 사람에게 연애 감정이 생겼을 때 머리를 단
장하는 경우가 흔하다. 머리를 반복적으로 쓰다듬는 행동
도 우리를 눈에 띄게 만든다. 흥미로운 사실은 변호사가
배심원단이 법정에 입장할 때 자신의 재킷을 잡아당기는

것(모양내기) 같은 매우 간단한 동작만으로도 배심원단으로부터 무의식적으로 큰 호감을 산다는 것이다.

모양내기(무시)	□ □
	○

상대를 무시하거나 의도가 무례한 종류의 모양내기가 있다. 앞서 설명한 행동과는 반대되는 행동이다. 다른 사람이 당신에게 말하고 있을 때 옷의 보푸라기나 털을 떼어내거나 손톱을 정리하는 행동은 배려심이 없거나 무례한 행동이다. 최악의 경우 상대를 업신여기는 것으로 여겨질 수 있다.

팔꿈치 벌리고 손을 다리에 올려놓기	□ □
	○

손을 다리 위에 놓고 팔꿈치를 벌리고 앉는 행위는 일반적으로 높은 자신감을 나타낸다. 이야기를 나누는 동안 이 행동을 했다 안 했다 하는 사람을 보면 그 사람의 자신감이 높아졌다 낮아졌다 하는 모습을 관찰할 수 있다. 팔꿈치를 벌리는 자세는 영역 표시에 속한다.

손가락 말고 손톱 튕기기	☐ ☐
	○

사람들은 흔히 초조하거나 불안하거나 스트레스를 받으면 (일반적으로 한 손의) 손가락을 동그랗게 만 다음 엄지에 대고 손톱을 튕긴다. 한 손가락만 튕길 수도 있고 다양한 손가락을 사용할 수도 있다. 이는 스스로를 진정하는 방법이지만 소리 때문에 다른 사람에게는 방해가 될 수 있다.

악수하기	☐ ☐
	○

서양에서 인사할 때 흔히 하는 악수는 비즈니스나 사교적 환경 모두에서 적절한 인사법이다. 사람들은 최초의 신체적 접촉인 악수를 통해 서로에 대한 인상을 주고받는다. 그러니 악수를 제대로 하는 것이 중요하다. 지금까지 얼마나 많은 (너무 강하고, 너무 축축하고, 너무 약하고, 너무 긴) '형편없는' 악수를 했는지 생각해 보자. 악수가 형편없으면 마음속에 오랫동안 부정적인 인상이 남고, 그 사람과 다시 악수하기 꺼려지게 된다. 악수는 보편적인 관

습은 아니다. 어떤 문화권에서는 허리를 굽혀 인사하거나 뺨에 키스하는 인사법이 더 통용된다. 좋은 악수는 눈을 마주치고 적절히 미소를 지으며 팔꿈치를 살짝 구부린 채 팔을 내미는 동작에서 시작된다. 손가락은 아래쪽을 가리키며 상대방의 손을 향해 다가가고, 두 사람이 손을 동일한 세기(어느 누구도 당신이 맨손으로 호두를 으스러뜨릴 수 있을 정도로 힘이 세다고 감명을 받지 않는다)로 움켜잡는다. 서로 손을 완전히 에워싸고(이것이 옥시토신을 분비하게 해 준다. 즉 사회적 유대를 더 강하게 해 준다) 1초가량 잡은 후에 손을 놓는다. 나이가 많은 사람들은 더 약하게 잡고, 지위가 높은 사람이 얼마나 오랫동안, 얼마나 세게 잡을지를 결정한다.

◇◇◇◇ **317**

소중히 다루어지는 악수

특정 문화권, 특히 아프리카 일부 지역에서는 존경하거나 중요한 사람을 맞이할 때 오른손을 앞으로 내밀며 왼손으로 아래팔을 받치는 것이 관례다. 이 손은 문자 그대로 귀중한 것처럼 제공되고, 상대방은 이 손을 받아 주면서 손을 내민 사람을 존중한다. 서양인의 눈에는 이 제스처가

이상해 보일 수 있지만, 이는 존중과 존경의 표현이므로
의미 그대로 받아들여야 한다.

∞∞∞ 318

나마스테

☐ ☐

○

이는 전통적인 인도의 인사법으로, 가슴 바로 앞에서 손
가락은 위를 향하고 팔꿈치는 벌리고 손바닥을 마주 붙
이며 합장하고, 때로는 머리를 살짝 숙이거나 앞쪽으로
몸을 기울이며 미소 짓는다. 격식을 갖춘 인사법이며, 어
떤 면에서 악수를 대신한다고 할 수 있다. 또 '안녕'이라
는 의미의 작별인사로 사용되기도 한다. 이 몸짓은 서양
의 악수보다 깊은 뜻을 가지고 있으며, 공손히 받아들여
야 한다.

∞∞∞ 319

손잡기

☐ ☐

○

손잡기는 인간의 타고난 기질이다. 아이들은 아주 어릴
때부터 처음에는 부모와 이후에는 친구들과 손을 잡는다.
연애 상황에서는 손잡기 빈도와 종류(악수하듯 잡았는지 또

는 더 사적이고 자극적인 손깍지인지)가 두 사람이 얼마나 친
밀하고 진지한 관계인지를 보여 줄 수 있다. 이집트와 사
우디아라비아, 베트남을 포함해 다수의 지역에서는 남성
들이 손을 잡고 함께 다니는 경우가 매우 흔하다.

320 오케이 신호(정확성 신호)

무언가 매우 정확한 내용을 이야기할 때 화자는 검지와
엄지의 끝을 연결해 원을 만든다. 미국에서는 이를 오케
이 신호라고 부른다. 이 동작은 지중해 국가 전반에서 매
우 흔하며, 말하는 동안 특정한 점을 강조하기 위해 사용
된다. 미국에서는 동의 혹은 일에 문제가 없이 좋다는 의
미로 사용되기도 한다. 브라질 등 다른 국가에서는 이 신
호가 저속한 표현으로 해석될 수 있으니 주의하자.

321 정치인의 엄지

정치인들은 연설을 하면서 흔히 주장을 정확하고 강하게
펴기 위해 엄지를 동그랗게 만 검지에 대고 팔을 청중이

정치인들이 무언가를 강조할 때
자주 쓰는 동작이다.
특히 미국 문화에서 자주 보인다.

나 허공을 향해 뻗는다. 이 행동은 근본적으로 정확성 신
호가 변형된 표현이다. 이 동작도 다른 국가보다 미국에
서 자주 볼 수 있고, 미국 문화의 일부로 여겨진다. 빌 클
린턴과 힐러리 클린턴, 버락 오바마, 캐나다 총리 저스틴
트뤼도 모두 이 제스처를 잘하는 것으로 유명하다. 이들
은 특정한 점을 강하게 주장하거나 강조할 때 이런 몸짓
을 한다.

반지 만지기	☐ ☐
	○

결혼반지를 빙글빙글 돌리거나 뺐다 꼈다 하며 가지고 노
는 행동은 신경을 안정시키거나 시간을 보내기 위한 동
작이다. 일부 사람들의 주장처럼 불행한 결혼생활을 보여
주는 신호는 아니다. 단지 스스로를 진정하기 위한 반복
적 행동일 뿐이다.

거리 두기	☐ ☐
	○

우리는 어떤 사물이나 사람에 대해 부정적인 감정이 있을
때 흔히 무의식적으로 거리를 두려고 한다. 체중 조절 중
인 사람들은 저녁 식탁에서 빵 접시를 몇 센티미터 멀리
밀어 놓고, 술을 좋아하지 않는 사람들은 빈 와인 잔을 테
이블에서 치워 달라고 요청하는 경우도 있다. 나는 범죄
자들이 감시카메라가 찍은 사진 속의 자신을 알아보고 사
진 만지기를 거부하거나 테이블 맞은편으로 밀어 놓는 모
습을 본 적이 있다. 이 행동은 그 순간 그 사람의 마음에
서 무엇이 가장 중요한지를 알려 주므로 주목해야 한다.

손바닥으로 만지기 꺼리기

부모가 손바닥으로 자녀를 어루만지기를 지속적으로 꺼린다면 자녀에게 무관심하거나 다른 형태의 비정상적인 심리적 거리 두기 같은 중요한 문제가 있다는 신호일 수 있다. 또한 커플이 더 이상 손바닥으로 서로를 만지지 않고 손가락 끝으로만 접촉한다면 그 관계에 문제가 있을 가능성이 있다(260번 참조).

이상한 팔과 손의 움직임

팔과 손이 이상하게 움직이는 사람들이 있다. 이들의 팔과 손은 신체의 다른 부분이나 주위 환경과 어울리지 않을 수도 있다. 이 경우에는 정신적 문제나 장애가 있을지도 모른다는 사실을 인지하는 것이 최선이다. 이런 행동을 인지하고 이해함으로써 필요한 경우 돕고, 구경거리라도 되는 것처럼 쳐다보지 않을 수 있다.

가슴과 몸통, 배
CHEST, TORSO, AND BELLY

Case No.

Date

☐ ☐ ☐   ○

몸통은 생명 유지에 필수적인 여러 기관을 담고 있다. 또 신체에서 질량이 가장 큰 부위이며, 우리가 위협을 느낄 때 제일 먼저 가리는 곳이다. 몸통은 우리가 누구인지, 어떤 집단에 소속되었는지, 직업이 무엇인지, 심지어 얼마나 건강한지에 대한 (옷의 도움을 받아) 단서를 제공하는 신체의 게시판이다. 많은 신체 기관(심장과 폐 등)이 몸통에 있다. 몸통은 비언어 커뮤니케이션 연구에서 좀처럼 주목받지 못하지만 실제로 삶의 선택부터 감정에 이르는 정보를 수집하기에 무척 좋은 부분이다. ✤

가슴 들썩이며 빠르게 호흡하기

	☐	☐
	○	

들썩이는 가슴과 빠른 호흡은 일반적으로 스트레스나 근심, 두려움, 걱정, 분노를 나타낸다. 그러나 나이나 격렬한 운동, 불안, 심지어 심장마비 등 이 행동을 유발하는 수많은 요인이 존재하므로 상황을 잘 파악하는 것이 중요하다. 우리는 잘 관찰할 뿐만 아니라 필요한 경우 행동을 취할 준비가 되어 있어야 한다.

얕고 빠르게 호흡하기

	☐	☐
	○	

얕고 빠른 호흡은 두려움이나 불안 또는 공황 발작 증상을 의미할 수 있다. 불안의 정도를 판단하는 방법은 호흡이 얼마나 얕은지를 살피는 것이다. 호흡이 얕고 빠를수록 고통의 정도가 더 크다. 이때 숨을 길게 한 번 들이마신 후 가능한 한 길게(3~5초) 내뱉게 하고 이를 다시 반복하도록 하면 도움이 된다. 이렇게 하면 호흡의 속도를 늦출 수 있다.

⋄⋄⋄⋄ **328**

가슴 누르기	☐ ☐
	○

어떤 사람은 긴장하면 갑자기 쌓인 스트레스를 완화하기 위해 자신의 가슴, 횡격막 부분을 엄지와 중지로 (때로는 손가락 전체로) 누른다. 가슴 중앙 근처에 위치하며 많은 신경이 있는 복강신경총solar or celiac plexus에 압력을 가하면 마음이 진정되는 듯하다. 압력은 개인의 필요에 따라 매우 가볍거나 강할 수 있다. 끔찍한 소식을 접한 사람들이 자신의 가슴을 누르는 모습은 드물지 않다.

⋄⋄⋄⋄ **329**

쇄골 문지르기	☐ ☐
	○

스트레스를 받으면 반대쪽 쇄골(예를 들면 오른손을 왼쪽 쇄골에 올려놓는다)을 문지르는 사람들이 있다. 쇄골을 반복해서 만지는 행위는 안정을 가져다주며, 신체 중심을 가로지르는 팔은 보호받는 느낌을 제공한다. 이 부위는 접촉에 매우 민감하여 성감대로 여겨지기도 하다.

안정감과 보호받는 느낌을
제공하는 행동으로,
스트레스를 받고 있다는
뜻이기도 하다.

◇◇◇◇ **330**

손으로 가슴을 반복하여 긁기

	□	□
○		

엄지와 다른 손가락들을 갈퀴 모양으로 만들어 앞뒤로 움
직이며 가슴 상부를 반복적으로 문지르는 행동은 일반적
으로 불안정하거나 근심, 논란거리가 있음을 보여 주는
좋은 신호다. 또 불안이나 공황 발작이 생길 수 있음을 나
타내는 매우 신뢰할 만한 신호다. 이 행동의 두드러진 특
징이라면 손바닥 전체를 사용하지 않고 손가락을 새의 발
톱이나 갈퀴 모양으로 오므린다는 점이다.

가슴에 손바닥 얹기

많은 문화권 사람들이 다른 사람을 만나면 진심을 전하
거나 선의를 표현하기 위해 손바닥을 가슴에 올려놓는다.
내 경험에 따르면 정직한 사람이나 거짓말하는 사람 모두
이 행동을 한다. 그러므로 이 행동을 중립적으로 다룰 필
요가 있다. 사람들은 이 행동을 자신의 솔직함이나 진심
을 나타내는 동작처럼 취하지만 이 행동이 그것을 증명해
주지는 않는다. 수사를 진행할 때 누군가가 손바닥을 가
슴에 얹으며 "제가 하지 않았어요."라고 말하는 경우, 이
행동을 얼마나 잘하는지에 상관없이 큰 무게나 가치를 두
어서는 안 된다. 사실이 그렇기는 해도 나는 지난 수년간
상대를 속이려 하는 사람들이 주로 손끝만 약하게 가슴에
대는 경향이 있음을 깨달았다. 반면 진실한 사람들은 손
가락을 더 넓게 벌리고 손바닥 전체로 강하게 가슴을 누
르는 경향이 있다. 그러나 한 가지 행동만으로 그 사람의
마음을 단정할 수는 없다. 어떤 사람의 정직성이나 진심
에 대해 결론을 내리기 전에 이 행동을 다른 행동들과 함
께 어떻게 수행했는지를 고려하는 것이 현명하다.

옷 잡아당겨 통풍하기

	☐ ☐
	○

옷 앞부분을 잡아당기면 몸에 바람이 통한다. 셔츠의 깃을 잡고 몇 초간 목에서 떨어뜨려 놓든 반복적으로 잡아당기든 이 행동은 대부분의 통풍하는 행동들이 그렇듯이 스트레스를 줄이는 효과가 있으며, 무언가가 잘못되었음을 보여 주는 좋은 신호다. 더운 날씨에는 이 행동이 스트레스보다는 그저 열과 관계 깊을 수 있다. 그러나 스트레스가 체온을 빨리 올린다는 사실을 잊지 말자. 이것이 골치 아프거나 짜증나는 회의에서 사람들이 통풍하는 행동을 하는 이유를 설명해 준다. 여성은 흔히 옷의 앞쪽 위나 중간 부분을 잡아당긴다는 점에 주의하자. 수사를 할 때는 어떤 사람이 질문을 받거나 답을 한 후에 통풍하는 행동을 한다면 눈여겨봐야 한다. 질문이 마음에 걸렸을 가능성이 높기 때문이다.

지퍼 만지기

□ □

○

운동복 상의나 재킷의 지퍼를 만지는 행위는 초조하거나
긴장했을 때 스스로를 진정하는 방법이다. 시험을 걱정하
는 학생들과 게임 자금이 줄어드는 것에 초조함을 느끼
는 포커 선수들이 이런 행동을 하곤 한다. 이는 진정하는
행동이 맞지만 또한 지루함을 달래는 방법일 수도 있다는
사실에 주의하자.

몸 멀리 기울이기

□ □

○

상대로부터 몸을 기울여 멀리하는 행동은 거리 두기의 한
형태다. 불쾌한 말을 하는 사람이 옆에 있으면 우리는 그
로부터 살짝 멀어지며 거리를 둔다. 토크쇼에서 이런 모
습을 흔히 볼 수 있다. 우리가 무례하다고 생각하는 사람
으로부터 몸을 얼마나 멀리 떨어뜨리는가를 깨닫는 경우
는 드물다.

뒤로 기대앉기

테이블에서 의자를 뒤로 밀고 몸을 다른 사람들로부터 멀어지게 기대는 행동은 근본적으로 우리를 단절시켜 주는, 그래서 우리가 심사숙고할 수 있게 해 주는 거리 두기 행동이다. 요점을 납득하지 못하거나 고심 중인 사람들은 흔히 대화에 참여할 준비가 되기 전까지 몸을 살짝 떨어뜨린다. 그런 다음 몸을 앞으로 기울이고 앉는다. 어떤 사람들에게 이 행동은 곰곰이 생각해 보기 위해 잠시 벗어나 있겠다는 메시지다. 또는 논의 내용에 동의할 수 없을 때 그 생각을 드러내는 표현 방식이기도 하다. 여기서는 얼굴 표정이 중요하다.

앞으로 기대앉기

우리는 선의를 가지고 협상에 임하거나 타협할 준비가 되었을 때 뒤로 기대고 있던 몸을 앞으로 기울이는 경향이 있다. 흔히 이 행동은 일을 진전시키도록 결정했다는 의향을 전달한다. 좁은 테이블이나 책상 앞에 앉아 있는 경우에는 지나치게 앞으로 많이 기대어 협상 상대가 위협을 느끼는 일이 생기지 않도록 조심하자. 팀으로 협상에 참여한다면 모두가 같은 자세로 앉도록 하자. 그리고 제안을 받아들일 의향을 상대에게 알려 줄 때가 아닌 시점에 팀의 일원이 섣불리 몸을 앞으로 기울이지 않도록 주의하자.

◇◇◇◇ **337**

돌아서기/복부 부정

복부는 신체에서 가장 취약한 부위다. 우리는 좋아하지 않거나 불편하거나 듣기 싫은 말을 하는 사람으로부터 복

**우리는 불편하거나
듣기 싫은 말을 하는 사람으로부터
복부를 다른 쪽으로 돌리는 경향이 있다.
이를 '복부 부정'이라고 일컫는다.**

부를 다른 쪽으로 돌린다. 회의실에서 좋아하지 않는 누
군가에게 친절한 표정으로 인사를 건넬 수는 있지만, 복
부는 무의식적으로 그 사람으로부터 돌아서며 그 사람을
거부한다. 이 행동을 복부 부정ventral denial이라고 한다. 이
행동은 친구들 사이에서도 상대가 마음에 들지 않는 말을
했을 때 일어날 수 있다. 이를 기억하는 좋은 방법은 이렇
다. '배가 돌아서면 당신이 곁에 있길 바라지 않는다는 뜻
이다. 배가 돌아서면 당신의 말이 마음에 들지 않는다는
의미다.'

⬦⬦⬦⬦ **338**

배/복부를 상대 쪽으로 향하기

우리는 누군가를 좋아하면 복부를 그 사람 쪽으로 향한
다. 심지어 아기도 이런 행동을 한다. 이 행동은 행위자가
관심을 가지고 있으며 편안하다는 신호다. 마음에 드는
사람을 만나 같이 의자에 앉으면 우리는 시간이 지날수록
어깨와 몸통을 그 사람에게 드러낸다. 요컨대 우리는 다
른 사람에 대한 관심을 복부를 상대 쪽으로 향하는 자세
를 취하며 보여 준다.

배/복부 가리기

☐ ☐

○

지갑이나 배낭 같은 물체로 갑작스럽게 배를 가리는 행위
는 논의한 내용을 불확실하거나 불편하게 생각한다는 신
호다. 사람들은 위협적이거나 취약하다고 느낄 때 베개
(집 안에서 언쟁하는 커플)부터 반려동물, 자신의 무릎까지
사용해 복부를 보호한다.

자세 모방하기(거울 반응)

☐ ☐

○

우리는 편안하게 느끼는 사람의 자세를 따라 하는 경향
이 있다. 이 현상을 아이소프렉시스isopraxis라고 한다. 사
람들은 가까운 친구와 함께 있으면 서로의 편안한 자세를
거울처럼 따라 하기도 한다. 이는 함께 있는 상태가 안정
적이라는 좋은 신호다. 데이트에서 한 사람이 몸을 앞쪽
으로 기울이면 상대도 따라 하는 모습을 볼 수 있다. 거울
반응은 대화나 기분, 성향에 동의함을 암시한다.

앉아서 움직이지 않기

☐ ☐
○

오랫동안 움직이지 않고 매우 뻣뻣하게 앉아 있는 사람은 스트레스를 받고 있다는 의미다. 이 모습은 수사 과정과 경찰 심문, 진술에서 흔히 나타나는 정지 반응이다. 이때 사람들은 두려운 나머지 꼼짝도 못 하게 된다. 정지 반응은 그 사람이 사자와 맞닥뜨리기라도 한 것처럼 무의식적으로 나타난다. 움직이지 않고 있다고 해서 누군가를 속이려 한다고 볼 수는 없지만 심리적으로 불편하다는 신호로 볼 수는 있다.

사출좌석 효과

☐ ☐
○

스트레스가 심한 면접을 보거나 어떤 이유로 비난받고 있는 사람들은 전투기에서 비상 탈출할 준비가 된 것처럼 의자 팔걸이를 단단히 움켜잡고 앉아 있는 경향이 있다. 이 자세도 정지 반응의 일부이며, 행위자가 극심한 괴로움이나 위협을 느끼고 있음을 의미한다. 이 행동의 특징은 사람들의 경직된 자세다. 이들은 마치 살기 위해 필사적으로 매달리는 사람처럼 보인다.

∞∞∞ **343**

의자 멀리 이동시키기

다른 사람들로부터 몸을 기울여 떨어지는 것만으로는 부족할 때 행해지는 거리 두기 행동의 하나다. 행위자는 누구도 알아차리지 못할 거라고 생각하며 문자 그대로 의자를 뒤로 멀리 움직인다. 나는 학자들이 신랄한 논쟁을 할 때 테이블에 앉아 있던 한 교수가 방의 창문 근처 모퉁이까지, 마치 그 행동이 정상인 것처럼 완전히 물러난 상황을 기억한다. 이 행동은 무의식적으로 인지한 위협에서 멀어져 복부를 보호하려는 것이다. 이때 위협은 그저 말이나 생각뿐일 수도 있다.

∞∞∞ **344**

몸 구부정하게 만들기

구부정한 자세는 상황에 따라 휴식이나 무관심을 나타낸다. 이 행동은 지각 조정 기술로, 십대들이 부모를 상대로 신경 쓰지 않는다는 표현을 할 때 자주 사용한다. 비즈니스 상황에서는 구부정한 자세를 피할 필요가 있다.

◇◇◇◇ 345

| 몸 구부리기 | ☐　☐ |
| | ○ |

사람들은 심리적으로 혼란스러우면 마치 장에 문제가 생겨 괴로운 것처럼 허리를 앞으로 숙이기도 한다. 이때 보통은 팔로 배를 단단히 감싼다. 병원 혹은 유난히 나쁘거나 충격적인 소식을 듣게 되는 모든 장소에서 이런 행동을 볼 수 있다.

◇◇◇◇ 346

| 태아 자세 | ☐　☐ |
| | ○ |

사람들은 극심한 정신적 스트레스를 받으면 태아 자세를 취한다. 커플이 격렬한 논쟁을 할 때 이런 행동이 나타나기도 한다. 한쪽이 주체하기 힘든 감정에 휩싸이면서 스트레스를 다루기 위해 (침묵하며) 무릎을 세우고 태아 자세로 앉는다. 또 베개나 다른 물건을 배에 가져다 대기도 한다(339번 참조).

추위 느끼기	☐ ☐
	○

스트레스는 쾌적한 환경에서도 추위를 느끼게 만들 수 있다. 이는 자율신경계 반응으로, 위협이나 스트레스, 불안을 느낄 때 도망치거나 싸울 수 있도록 혈액이 피부에서 더 큰 근육으로 흘러 들어가므로 발생한다.

옷 입기	☐ ☐
	○

우리의 몸통은 옷의 대부분을 전시하는 역할도 한다. 옷은 메시지를 전달하고 옷을 입은 사람을 돋보이게 만들기도 한다. 옷은 흔히 해당 문화권 내에서 신분을 나타내는 역할을 한다. 옷이 유명 브랜드 제품인지 색깔은 어떤지에 따라 사람들의 인지가 달라질 수도 있다. 옷은 우리를 더 순종적이거나 권위적으로 만들 수 있고, 우리가 원하는 일자리를 얻게 해 줄 수도 있다. 또 우리에게 어떤 문제가 있으며, 우리가 어디서 왔는지, 심지어 어디로 가고 있는지도 알려 준다. 모든 문화 연구에서 옷은 중요한 역할을 한다. 옷은 우리가 한 개인을 평가할 때 정보를 해독

하기 위해 더 고려해야 하는 요소다.

∞∞∞ **349**

임신 기간 중에 배 가리기	☐ ☐
	○

여성은 흔히 걱정거리가 있거나 불안하면 손으로 흉골상
절흔이나 목을 가린다. 그러나 임신 중에는 목으로 향하
는 것처럼 흔히 손을 들어 올리다가 재빠르게 배를 가린
다. 이는 태아를 보호하려는 행동처럼 보인다.

∞∞∞ **350**

배 문지르기	☐ ☐
	○

임신한 여성은 불편을 덜고 무의식적으로 태아를 보호하
기 위해 자신의 배를 자주 문지른다. 촉각을 이용한 이 반
복적인 행동은 마음을 진정해 준다. 일부 연구자들은 이
행동이 옥시토신이 혈관으로 퍼지는 것을 돕는다고 주장
한다.

보디랭귀지를 논할 때는 배꼽과 다리 윗부분 사이의 부위도 언급해야 한다. 우리가 두 다리로 빨리 걷거나 뛸 수 있도록 알맞게 기울어져 있는 골반은 우리 몸에 형태를 부여하는 것에 그치지 않고 우리에 대한 정보를 드러낸다. 이 정보는 생식력이나 관능성에 관한 것일 수도 있다. 영국의 저명한 동물학자 데즈먼드 모리스는 저서 『보디워칭』에서 골반과 엉덩이는 전 세계적으로 마음을 사로잡거나 유인하는 역할을 한다고 주장한다. 독일의 홀레 펠스 동굴에서 발견된 여성의 조각상은 3만 5천 년 이전에 제작된 것으로 추정되는데, 현존하는 가장 오래된 이 비너스상은 골반과 생식기, 엉덩이를 강조한 여성 형체의 걸작이다. 전 세계에서 이와 유사한 조각상들이 발견되었다는 사실은 우리가 신체의 이 부위에 자연

스럽게 매력을 느낀다는 것을 말해 준다. 지금부터
이 부위가 우리에게 무엇을 전달해 줄 수 있는지를
탐구해 보자. ❖

골반/엉덩이 움직이기

☐　☐
○

골반을 돌리거나 엉덩이를 씰룩거리는 행동은 스트레스
나 지루함, 한 자리에 앉아 있는 피로감을 해결하기 위한
동작이다. 또 사람들은 토론이 호전적으로 진행되어 짜증
이 치솟을 때나 치솟고 난 직후 진정하는 과정에서 이렇
게 행동하기도 한다. 관계 초반의 커플들에게서는 이런
모습이 잘 나타나지 않는다. 나타난다고 해도 시간이 흐
른 후에 문제점들을 논의할 때 나타나는 경향이 있다.

골반 문지르기

☐　☐
○

사람들은 스트레스를 받으면 스스로를 진정하기 위해 골
반과 다리 측면을 문지른다. 또 초조할 때 땀에 젖은 손을
닦기 위해 이렇게 행동하기도 한다. 곧 시험을 치를 학생
들이나 세관을 통과하는 여행객들이 이렇게 행동하곤 한다.

◇◇◇◇ **353**

| 골반-몸통 흔들기 | □　　□ |
| | ○ |

심리적 압박을 받는 사람들 중 일부는 앉아 있는 동안 골반을 앞뒤로 흔든다. 사랑하는 사람의 죽음을 목격하는 것 같은 극심한 스트레스 상황에서 반복적인 움직임을 통해 마음을 진정하는 이 행동이 나타나기도 한다. 또 자폐 스펙트럼 장애 같은 특정 정신 질환을 앓는 사람들도 이런 행동을 할 수 있다.

◇◇◇◇ **354**

| 골반 흔들기 | □　　□ |
| | ○ |

우리는 지루할 때 아기를 재우기 위해 품에 안고 흔드는 것처럼 일어서서 골반을 옆으로 흔들기도 한다. 골반을 흔들면 내이의 체액과 털이 움직이는데, 이 느낌은 큰 안정감을 가져다준다. 이 행동은 앞뒤로 흔드는 골반-몸통 흔들기(353번 참조)와는 다르다.

골반 밖으로 빼기	☐ ☐
	○

콘트라포스토^{contrapposto}('대비되다'는 뜻의 서양미술 용어로 인체의 중앙선을 S자형으로 그리는 포즈를 말한다—옮긴이)로 서 있는 미켈란젤로의 유명한 다비드상에서 볼 수 있듯이 남녀 모두 시선을 받기 위해 골반을 이용한다. 다비드상은 한쪽 다리를 살짝 구부려 엉덩이가 더 두드러지며 신체가 더 매력적으로 보인다. 큰 골반도 관심을 모으기 위해 이용될 수 있다. 그 예로 연예인 킴 카다시안을 들 수 있다. 그녀는 자신의 큰 골반을 잘 활용해 세간의 관심을 끄는 데 성공했다. 골반을 옆으로 빼는 행동은 이성의 관심을 끌려는 구애 행위에서 잘 볼 수 있다. 전 세계의 많은 문화권에서 골반은 젊음과 생식력의 상징이며, 연애를 할 때 특히 강조되는 부분이다.

생식기 만지기	☐ ☐
	○

교사들이 남자아이들, 때로는 여자아이들도 옷 사이로 자신의 생식기를 만지거나 잡아당긴다고 보고하는 경우가

흔하다. 이것은 상당히 자연스러운 행동이다. 생식기에는 놀랄 만큼 많은 신경 말단이 존재하며, 아이들이 이 부분을 만지면 차분하게 안정될 뿐만 아니라 기분 좋은 느낌을 받을 수도 있다. 결국 나이가 들면서 이런 행동을 멈추게 되는데, 이 행동은 드문 일도 아니고 지나치게 걱정할 일도 아니다.

◇◇◇◇ **357**

가랑이 움켜잡기

마이클 잭슨이 춤을 출 때 보여 주면서 유명해진 이 행동은 처음 선보였을 당시에는 많은 사람이 충격에 빠졌다. 그러나 오늘날에는 연예인들이 이 행동을 상당히 자주 한다. 일부 남성들이 왜 이런 행동을 하는가에 대해서는 여러 이론이 있다. 관심을 모으거나 남자다움을 드러내거나 그저 불편해서 그러는 것일 수도 있다. 여성들이 내게 말해 주었듯이 성인 남성이 이 행동을 반복해서 또는 사무실 같은 좁은 장소에서 할 경우 다른 사람들이 상당히 불편할 수 있다. 공공장소에서는 분명히 피해야 하는 행동이다.

생식기 틀 만들기

□ □

○

영화나 사진 속의 카우보이들이 자주 하는 행동으로, 엄
지를 바지 안이나 허리띠에 걸고 나머지 손가락들을 가랑
이 부분에 놓는다. 이 행동은 관심을 얻기 위해 사용되고,
남성성을 드러내는 역할을 한다. 일반적으로 팔꿈치는 바
깥쪽을 향하면서 그 남성을 더 건장하고 강인해 보이게
만든다.

주로 남성에게서 나타난다.
관심을 얻기 위해 사용되고,
남성성을 드러내는 역할을 한다.

생식기 가리기	☐ ☐
	○

남성들은 특정한 상황에서, 예를 들면 엘리베이터 안에서
숫자나 글자를 바라보며 손을 모아 생식기나 가랑이 위에
놓곤 한다. 이 행동은 사회적 불안을 해소할 때나 누군가
가 너무 가까이 서 있을 때 효과적일 수 있다.

무릎 벌리고 앉기	☐ ☐
	○

흔히 맨스프레딩manspreading이라고 하는데, 대중교통을
탄 남성이 다리를 넓게 벌리고 앉는 행동을 말한다. 이
자세는 한 사람이 지나치게 많은 공간을 차지하며 다리
안쪽과 가랑이를 드러내기 때문에 매너가 없고 무례하다
고 여겨진다. 이는 상대를 배려하지 않는 행동이다.

동물의 세계에서 인간의 다리는 독특한 부위다. 다리는 골반 아래에 있으면서 걷고 뛰고 전력 질주하고 기어오르고 발로 차고 돌진하고 수영하고 자전거를 탈 수 있게 해 준다. 우리의 다리는 이동하고 보호하고 우위를 지키기 위해 사용되기도 하고, 아이들이 불안하거나 수줍어할 때 매달릴 수 있는 흔들리지 않는 버팀목 역할도 해 준다. 근육질이거나 길거나 다부진 다리 등 그 형태도 사람마다 다양하다. 비언어 의사소통에서는 크게 주목받지 못하지만 다리는 기품부터 초조함, 기쁨까지 모든 것을 전달할 수 있다. 그리고 생존에 필요한 도구 역할(우리가 도망갈 수 있게 도와 준다)을 하면서 다른 사람에 대해 우리가 느끼는 감정을 매우 정직하게 드러낸다. ❖

공간적 거리 두기

인류학자 에드워드 T. 홀은 근접학proxemics(인간과 문화적 공간의 관계를 연구하는 학문—옮긴이)이라는 용어를 처음 사용했다. 근접학에 따르면 모든 동물은 사적인 공간이 필요하다. 그래서 누군가가 우리와 너무 가까이 서 있으면 불편함을 느낀다. 공간이 얼마나 필요한가는 문화와 개인적 선호 모두에 기반을 둔다. 대부분의 미국인들은 공공장소에서 타인과 3.6미터에서 7.6미터 정도 떨어져 있을 때 편안함을 느낀다. 사회적 공간에서는 1미터에서 3.6미터가 선호되고, 사적 공간에서는 약 0.4미터에서 1.2미터를 편하게 생각한다. 우리는 누군가가 0.3미터 이내의 친밀한 공간에 들어오면 매우 민감해진다. 물론 이 거리는 사람마다 모두 다르고 문화와 국적, 위치, 심지어 시간에 따라 차이가 나기 때문에 어림잡은 수치에 불과하다. 밤에는 낯선 사람이 3미터 이내 거리에서 걷고 있으면 불편해질 수 있다.

영역권을 주장하는 자세	☐ ☐
	○

우리는 영역 표시의 한 형태로 다리를 사용하며, 이 표시
는 서 있는 모습으로 나타난다. 두 다리의 사이가 더 멀수
록 영역 표시는 더 강해진다. 어떤 사람이 다리를 얼마나
넓게 벌리고 있는가는 그 사람이 어떤 일을 하는지를 말
해 줄 수 있다. 예를 들면 군인과 경찰은 회계사나 엔지니
어보다 두 다리 사이의 폭이 더 넓은 경향이 있다. 다리
사이의 폭은 자신감과 영토에 대한 권리를 무의식적으로
분명하게 전달한다.

영역권 도전	☐ ☐
	○

격한 언쟁이 벌어졌을 때 어떤 사람은 상대의 얼굴에서
불과 몇 센티미터 떨어진 곳까지 다가와(비유적인 표현이지
만 여기서는 문자 그대로 '코앞까지' 다가온다) 가슴을 크게 부
풀리고 쏘아보면서 상대의 개인적 공간을 의도적으로 침
범한다. 이런 공간 침해는 상대에게 위협을 가하는 행동
이며 폭력 사태의 전조가 될 수 있다.

옆으로 비스듬히 서기

☐ ☐
○

대부분의 사람들은 상대를 정면으로 바라보며 대화하기
보다는 살짝 비스듬히 서서 이야기하는 자세를 선호한다.
처음 만난 아이들은 보통 서로에게 비스듬한 자세로 다가
간다. 그 이유는 이렇게 해야 더 크게 환영받기 때문이다.
나는 사업가들이 약간 비스듬한 자세로 서로를 바라보
며 서 있을 때 대화하는 시간이 길어진다는 사실을 발견
했다. 분위기가 험악할 때는 상대로부터 비스듬하게 살짝
떨어져 서 있는 자세가 가장 좋다. 이 행동이 부정적인 감
정을 분산시키는 데 도움이 되는 경향이 있기 때문이다.

걷는 자세

☐ ☐
○

우리가 걷는 방식은 많은 정보를 전해 준다. 어떤 사람들
(예를 들면 마릴린 먼로)은 의도적으로 섹시해 보이게 걷고,
어떤 사람들(예를 들어 존 웨인)은 힘과 투지를 보여 준다.
또 어떤 사람들의 걸음걸이는 그 사람이 중요한 업무를
수행 중임을 암시하는 반면, 어떤 사람들은 더 느긋하고

편안하다. 존 트라볼타가 영화 〈토요일 밤의 열기〉에서 연기한 주인공이 시작 장면에서 보여 준 것처럼 주목받으려는 걸음걸이도 있다. 걷는 방식만이 아니다. 때로는 마음에 있는 상대를 잘 살펴보거나 상대가 자신을 알아봐 주기를 바라며 그 사람 근처를 자주 지나가는 것으로 자신의 관심을 전달하기도 한다.

∞∞∞ 366

걸음걸이 속도 정하기

집단에서 걸음걸이의 속도를 정하는 사람은 일반적으로 그 집단의 책임자다. 우리는 상급자나 집단의 지도자의 속도에 맞춰 빨리 걷거나 느리게 걷는다. 심지어 십대들도 그렇다. 이들은 무리 중에서 가장 인기 있는 친구의 속도에 맞춰 걸으며 그 친구를 따른다. 이는 집단의 맨 뒤에 있는 사람이 지도자이며, 너무 빠르게 걷지 않게 속도를 조절할 수도 있다는 의미다. 집단을 분석할 때 지도자는 맨 앞에서 걷는 사람이라기보다는 속도를 정하는 사람임을 기억하자.

앉는 자세

☐ ☐
○

문화권마다 앉는 방식이 다르다. 일부 아시아 국가들에서
는 사람들이 버스를 기다리며 엉덩이를 낮추고 무릎을 높
게 만들어 쭈그리고 앉는다. 어떤 문화권에서는 간디가 베
틀을 돌리며 앉아 있던 자세처럼 가부좌를 하고 앉는다.
유럽과 다른 지역에서는 사람들이 흔히 한쪽 다리를 반대
쪽 무릎 위에 걸치며 다리를 꼬고 앉는다. 이때 발바닥은
아래쪽을 향한다. 미국인들은 발목을 반대쪽 무릎 위에 올
리고 발이 높이 위치하는 숫자 4 모양의 자세를 포함해 다
양한 자세로 앉는다. 앉는 자세의 경우 초대한 사람뿐만
아니라 지역의 관습도 따를 필요가 있다.

다리 붙이고 앉기

☐ ☐
○

자신감의 정도는 흔히 우리가 앉는 방식에도 드러난다.
다리를 갑자기 모으는 행위는 불안하다는 신호다. 물론
우리가 앉는 방식은 어느 정도 문화의 영향을 받지만, 어
떤 사람들은 느끼는 감정에 따라 다리의 움직임이 크게

달라진다. 이는 자신감의 정도를 드러낸다. 많은 지역에
서 여성은 사회적 관습상 다리를 가지런히 모으고 앉는다
는 점을 기억하자.

다리 벌리고 앉기	□　　□
	○

면접을 보거나 대화하며 앉아 있을 때 다리를 갑자기 넓
게 벌리는 행위는 매우 편안하거나 자신이 있음을 암시한
다. 이 행동은 보편적인 영역 표시로, 다리를 넓게 벌릴수
록 주장하는 영역이 더 넓어진다. 이 행동은 남성이 두드
러지게 많이 한다.

발목 겹치기	□　　□
	○

사람들은 특히 격식을 갖춘 자리에 앉아 있을 때 흔히 발
목을 모아서 서로 겹쳐 놓는다. 나는 논란의 여지가 많거
나 까다로운 문제가 논의될 때 갑자기 이 제스처를 취하
는 사람들을 살펴본다. 이 행동은 일반적으로 자기 제어
나 의심, 망설임, 심리적 불편을 보여 주는 신호다.

의자 다리에 발목 걸기 □ □ ○

어떤 사람들은 불안이나 두려움을 느끼거나 걱정거리가 있으면 갑자기 의자 다리에 발목을 건다. 물론 평소에도 이런 자세로 앉는 사람들이 있다. 그러나 질문을 받은 후에나 민감한 문제를 논의할 때 의자 다리에 갑자기 발목을 건다면 이는 무언가가 잘못되었음을 강하게 나타내는 신호다. 이 행동은 정지/자기 제어 반응의 일부다.

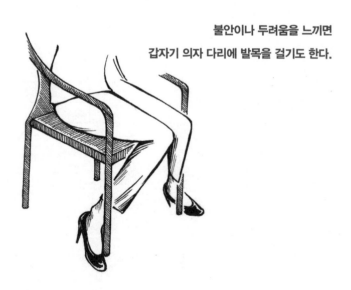

불안이나 두려움을 느끼면
갑자기 의자 다리에 발목을 걸기도 한다.

무릎 움켜잡고 뒤로 기대기	□ □
	○

무릎을 단단하게 움켜잡는 행동은 자제하고 있는 중임을
암시한다. 초조해하는 입사 지원자들이 이런 행동을 흔히
한다. 양 다리를 바닥에 놓은 채 무릎을 꽉 잡고 스트레스
로 인해 조금 경직된 자세로 뒤로 기댄다.

무릎 움켜잡고 앞으로 숙이기	□ □
	○

앉은 자세에서 손으로 무릎을 잡고 몸을 앞으로 숙이는
행동은 일반적으로 떠날 준비가 되어 있음을 의미한다.
우리는 흔히 이 행동과 함께 한 발을 다른 발 앞에 나란
히 놓는 출발자의 자세를 취한다. 당신이 최상급자가 아
닌 이상 회의를 할 때 이런 자세를 취하지 말자. 책임자나
직급이 높은 사람에게 당신이 자리를 뜨고 싶다는 신호를
보내는 것이므로 모욕적으로 느낄 수 있다.

앉아서 다리 꼬아 장벽 만들기 □ □ ○

자리에 앉아 있는 동안 다리를 꼬아 장벽처럼 만드는 행위(한쪽 무릎이 반대쪽 다리 위로 높게 위치한다)는 논란거리나 의심, 불편함이 있음을 암시한다. 집에서든 직장에서든 이 행동은 감정을 정확하게 반영한다. 불편한 주제가 도마 위에 오를 때 즉각 이런 행동이 나타나는 모습을 흔히 볼 수 있다.

장벽을 쌓듯이 다리를 꼰다면 불편함을 암시한다.

다리 걸치기

자신감이나 우월감을 느끼는 사람들은 영역을 주장하는
방법으로서 무의식적으로 책상이나 의자, 물체 (심지어 다
른 사람들) 위로 다리를 걸친다. 어떤 직장 상사들은 의자
에 앉은 상태에서 다리를 다른 의자에 걸치는 행동을 규
칙적으로 한다.

다리 문지르기

넓적다리 앞쪽 근육의 윗부분을 문지르는 이 행위는 다리
클렌저 leg cleanser 라고 알려져 있으며, 심한 스트레스를 받고
있을 때 스스로를 진정하는 효과가 있다. 이 행동은 보통 테
이블이나 책상 밑에서 일어나기 때문에 쉽게 놓칠 수 있다.

무릎 문지르기

스트레스를 받거나 무언가 흥미로운 일이 일어날 것이라

고 기대하는 사람들이 무릎 바로 윗부분을 반복적으로 긁거나 문지르는 모습을 볼 수 있다. 대부분의 반복적인 행동들처럼 이 행동도 흥분과 긴장을 누그러뜨리며 마음을 진정하는 역할을 한다.

◇◇◇◇ 378

발목 긁기

긴장된 상황에서 사람들이 발목 부위를 긁는 행동은 드물지 않다. 이 행동은 스트레스를 줄이고 피부에 바람을 통하게 한다. 큰돈이 걸린 포커 게임 혹은 수사관으로부터 까다로운 질문을 받을 때처럼 부담감이 큰 상황에서 이런 행동이 흔히 나타난다.

◇◇◇◇ 379

무릎 굽히기

이 행동은 서 있는 동안 무릎을 앞으로 재빨리 굽히는 것으로, 그 사람을 눈에 띄게 낮아지게 만든다. 일반적으로 이런 자세를 취했다가 즉각 제자리로 돌아온다. 이는 매우 어린아이 같은 행동으로, 짜증을 내며 성질부리는 행동과 비슷하다. 나는 렌터카 회사 카운터에서 요청한 차가 준비되지 않았다는 말을 들은 성인 남성이 이렇게 행동하는 모습을 본 적이 있다.

발 끌기	□ □
	○

아이들이 대화하거나 누군가를 기다릴 때 발을 앞뒤로 끄는 모습을 흔히 볼 수 있다. 이 반복적인 행동은 진정 효과가 있고, 특별히 할 일이 없는 시간을 보내는 데 도움이 된다. 성인들도 누군가가 도착하길 기다리거나 불안감을 감출 때 할 수 있다. 부끄러움을 잘 타고 연애 경험이 많지 않은 사람이 첫 데이트에서 흔히 하는 행동이다.

발목 떨기	□ □
	○

어떤 사람들은 서 있는 동안 반복적으로 자신의 발목을 비틀거나 떨면서 초조함이나 불안감, 반감, 짜증을 드러낸다. 이 행동은 감지하기가 매우 쉬운데, 발목을 떨면 몸 전체가 움직이기 때문이다.

무릎 올리고 껴안기	☐ ☐
	○

십대들은 무릎을 가슴까지 끌어당겨 다리를 껴안는 경우
가 흔하다. 이 행동은 안정감을 줄 수 있고, 음악을 감상
하는 순간을 즐기거나 감정을 다스리는 데 도움이 된다.
나는 몇몇 범죄자들이 심문을 받는 동안 스트레스를 다루
기 위해 이런 행동을 하는 모습을 본 적이 있다.

서서 다리 교차하기(편안함)	☐ ☐
	○

우리는 혼자 있을 때나 주변 사람들을 편안하게 느낄 때
서 있는 동안 다리를 교차한다. 그러나 누군가가 아주 살
짝이라도 심리적으로 불편하게 만드는 순간 그 사람에게
서 재빨리 멀어지거나 스스로를 보호해야 하는 경우에 대
비하여 교차하고 있던 다리를 푼다. 엘리베이터 안에서
혼자 다리를 교차하고 있던 사람도 낯선 사람이 타는 순
간 다리를 푸는 경우를 볼 수 있다.

앉아서 다리 차기	☐ ☐
	○

다리를 꼬고 앉아 흔들거나 까딱거리다가(반복적인 움직임) 질문을 받고 갑자기 위아래로 차는 행동을 하면 그 질문에 매우 불편해졌다는 의미다. 평소에도 이런 행동을 하는 사람이 아니라면 이는 진정 행동이 아니라 마음에 들지 않는 무언가를 무의식적으로 차 버리는 행동이다. 어떤 질문이나 말에 반응해 갑작스럽게 다리로 차는 행동은 일반적으로 강한 부정적 감정과 연관 있다.

뛰기(기쁨)	☐ ☐
	○

중력을 거스르는 이 행동은 긍정적인 감정이 이끌어내며, 전 세계적으로 어디서나 볼 수 있다. 다른 영장류도 인간과 유사하다. 이들은 특별한 무언가를 곧 손에 넣을 수 있음을 감지하면 껑충껑충 뛰며 기뻐한다. 뇌의 감정 센터인 변연계가 자동적으로 이 행동을 하도록 명령한다. 이것이 운동선수가 점수를 올리면 누가 지시하지도 않았는데 관중이 일제히 펄쩍펄쩍 뛰기 시작하는 이유다.

◇◇◇◇ **386**

발과 다리로 거부하기	□　□
	○

아이들(때로는 성인들)은 발을 끌거나 차거나 비틀거나 꿈
쩍도 않고 버티며 발로 항의하곤 한다. 아이들은 가고 싶
지 않은 곳에 가기를 거부할 때 이런 행동을 한다. 성인들
도 이 같은 행동을 하며 비폭력적으로 연행을 거부하곤 한
다. 이들의 다리는 무언가에 대해 진심으로 어떻게 느끼고
있는지를 분명히 보여 준다.

◇◇◇◇ **387**

중심 잃기	□　□
	○

몸의 중심을 잃게 만드는 의학적 문제는 저혈압 외에도
많다. 또는 그저 앉아 있다가 너무 빨리 일어나면서 중심
을 잃을 수도 있다. 약물과 술도 한몫할 수 있다. 나이도
역시 한 요소다. 우리는 누군가가 갑자기 중심을 잃는 모
습을 보면 본능적으로 먼저 가능하면 도와야겠다고 생각
한다. 노인들의 경우 뼈가 쉽게 부러질 수 있기 때문에 중
심을 잃고 넘어지면 매우 심각한 결과를 초래할 수 있다.
그러니 이때는 바로 행동할 필요가 있다.

발
FEET

Case No.

Date

☐ ☐ ☐   ○

"인간의 발은 인체공학의 걸작이며 하나의 예술 작품이다." 레오나르도 다빈치는 수십 년에 걸쳐 인간의 몸을 해부하고 연구한 후 이렇게 말했다. 발은 신체의 다른 부위에 비해 상대적으로 작지만 체중 전체를 짊어지며, 움직임과 흔들림, 열기, 냉기, 습기를 감지하는 데 매우 유용하다. 우리는 신체의 다른 어떤 부위보다도 발에 더 많은 압력을 가하고, 꽉 조이는 신발과 끝없는 이동으로 발을 혹사한다. 미세한 접촉에도 민감한 발은 매우 감각적일 수 있다. 또한 공수도 발차기로 벽돌을 부술 수도 있다. 신체의 다른 부위처럼 발도 몸의 중심을 잡고 걷고 기어오를 수 있게 해 주는 등 우리가 의도한 일을 솜씨 좋게 수행한다. 또한 발은 두려움뿐만 아니라 감정과 의도를 전달한다. ❖

얼어붙은 발
☐ ☐
○

갑자기 '기운이 빠지고' 움직임을 멈추는 발은 우려나 불
안을 나타낸다. 우리는 위협을 받거나 걱정을 할 때 움직
임을 멈추는 경향이 있다. 이는 포식자에게 들키지 않으
려고 진화한 반응이다.

∞∞∞ **389**

발 뒤로 물리기
☐ ☐
○

입사 면접을 볼 때 지원자들은 마음에 들지 않는 민감한
질문을 받으면 갑자기 발을 뒤로 물리면서 앉아 있는 의
자 밑으로 발을 집어넣는다. 이 움직임은 "해고된 경험이
있나요?" 같은 대답하기 불편한 질문을 받은 후 곧바로
나타나며 눈에 잘 띄기도 한다. 십대들은 전날 밤에 어디
에 있었는지를 묻는 질문에 이렇게 행동하곤 한다.

상대의 다리 건드리기	☐ ☐
	○

상대방이 마음에 들면 우리의 발은 그에게로 이끌린다. 우리는 상대에게 연애 감정이 있으면 발을 거의 무의식적으로 움직여 상대의 발과 닿을 수 있게 한다. 이것이 사람들이 연애 초반에 테이블 밑에서 발로 상대의 다리를 쓰다듬는 이유다. 장난스럽게 만지는 행동은 우리를 타인과 연결해 주는 중요한 역할을 한다. 신경학적으로 발에 무언가가 닿으면 그 자극이 뇌의 마루엽에 있는 감각을 받아들이는 부위에 도달하는데, 이곳은 생식기를 통한 자극이 도달하는 부위와 매우 가깝다.

발 앞뒤로 왔다 갔다 하기	☐ ☐
	○

이 행동은 진정 효과가 있는 반복적인 행동 중 하나다. 우리는 누군가가 서두르기를 기다리며 이런 행동을 하곤 한다. 발뒤꿈치에서 발가락으로 발을 앞뒤로 왔다 갔다 하며 움직인다. 앞으로 움직일 때 몸이 위로 올라가기 때문에 중력을 거스르는 행동의 하나로 볼 수도 있다. 이 행동

은 지루함을 달래줄 뿐만 아니라 그 사람이 스스로를 통
제하고 있음을 보여 준다.

◇◇◇◇ **392**

한쪽 발 바깥쪽으로 돌아서기 □ □ ○

누군가와 이야기하는 도중에 서서히 또는 갑자기 한쪽 발
을 돌려 문 쪽을 가리키면 그만 가야 한다는 신호다. 이

이야기하는 도중에
상대가 한쪽 발을 바깥쪽으로 돌리면
그만 가야 한다는 신호다.

행동은 '그만 가야 해요.'라는 메시지를 전달하는 비언어적 방법이다. 이를 의도 단서 intention cue라고 하며, 대화 상대가 이 신호를 외면하면 매우 짜증이 날 수도 있다. 다른 사람들에게 관심을 기울이자. 이들의 발이 바깥쪽으로 돌아서면 떠나야 할 때일 수 있다.

<<<< **393**

양발 바깥쪽으로 돌아서기	☐ ☐
	○

좋아하지 않는 사람과 함께 있을 때 양발이 모두 문 쪽을 향하거나 그 사람으로부터 돌아서는 모습을 드물지 않게 볼 수 있다. 나는 지난 수년간 배심원들을 관찰했는데, 이들은 자신들이 좋아하지 않는 증인이나 변호사가 말을 시작하자마자 양발을 배심원 회의실 쪽으로 향했다. 파티에서 두 사람이 서로를 바라보고 심지어 사교적 미소를 교환하지만 이들의 발이 바깥쪽으로 돌아서 있는 모습을 목격할 수도 있다. 이는 두 사람이 서로를 좋아하지 않는다는 신호다.

발가락 안쪽으로 향하기/안짱다리

□ □ ○

불안하거나 수줍거나 내성적이거나 유난히 나약하다고 느끼는 사람들은 자신의 발가락을 다리 안쪽으로 향하게 만든다(안짱다리라고도 부른다). 일반적으로 아이들이 많이 하지만 일부 성인들도 하는 행동이며, 정서적으로 안정이 필요하거나 불안함을 나타낸다.

발가락 위로 향하기

□ □ ○

어떤 사람들은 누군가와 대면하거나 통화할 때 가끔씩 한쪽 발의 발뒤꿈치를 바닥에 고정시킨 채 발가락이 위를 향해 비스듬히 기울어진 자세를 취한다. 이는 중력을 거스르는 행동이며, 일반적으로 긍정적인 감정과 연관 있다. 서로 좋아하는 친구들이 우연히 마주쳤을 때 대화하며 이렇게 행동하는 모습을 볼 수 있다.

발바닥 노출하기

☐ ☐

○

세계의 많은 지역, 특히 중동과 아프리카, 아시아의 일부 지역에서는 발바닥이나 신발 밑창을 보이는 행동을 모욕적으로 받아들일 수 있다. 해외여행을 할 때는 앉는 방법에 주의하자. 발목을 무릎 위에 올려놓고 앉으면 발바닥이 드러난다. 일반적으로 두 발을 모두 땅에 붙이거나 한쪽 다리를 반대쪽 무릎 위로 걸치고 앉아 발바닥이 아래를 향하는 자세가 더 선호된다.

발 들썩이기

☐ ☐

○

때때로 우리는 들뜬 감정을 '행복한 발'로 표현한다. 이때 발은 활기차 보이며 가만히 있지 못하고 들썩인다. 이 행동은 아이들에게 놀이동산에 데려가겠다고 할 때 분명하게 나타난다. 성인도 예외는 아니다. 예를 들어 포커 선수는 아주 유리한 패를 쥐고 있을 때 테이블 밑에서 발을 들썩인다. 이때 발 자체는 눈에 보이지 않더라도 옷이 어깨 부분까지 흔들리거나 진동하는 모습을 흔히 볼 수 있다.

발 톡톡 두드리기

□　□
○

이 행동은 시간을 보내거나, 음악에 박자를 맞추거나, 조바심이 나기 시작할 때 흔히 나타난다. 일반적으로 발뒤꿈치는 땅에 붙어 있고 발의 앞부분만 움직이지만 발뒤꿈치로 두드릴 수도 있다.

발가락 꼼지락거리기

□　□
○

발가락을 꼼지락거리는 자신을 발견한 적이 있는가? 이때 당신은 기분이 좋거나 신이 나거나 어떤 일을 고대하고 있을 가능성이 높다. 발가락의 움직임은 신경을 자극해서 지루함이나 스트레스를 달래 준다. 행복에 들뜬 발은 당신이 신이 났음을 보여 준다.

안절부절못하는 발	☐ ☐
	○

모든 부모는 얼른 다른 곳에 가서 놀고 싶어 하는 자녀들
의 발이 식탁 밑에서 안절부절못하는 모습을 금방 알아차
린다. 우리의 발은 심지어 성인들로 가득 찬 회의실에서
도 무척 불편한 움직임을 통해 떠나고 싶다는 감정을 전
달한다. 이런 움직임에는 반복적인 이동과 좌우로 흔들
기, 발 뒤로 물리기, 발뒤꿈치 반복적으로 올렸다 내렸다
하기가 포함된다.

초조하게 서성거리기	☐ ☐
	○

많은 사람이 스트레스를 받으면 서성거린다. 이 행동은 다
른 모든 반복적인 행동들이 그렇듯이 진정하는 행동이다.

바람을 드러내는 다리	☐ ☐
	○

우리의 다리는 흔히 사람이나 사물에 더 가까이 다가가고

싶을 때 신호를 보낸다. 다리와 발은 상점 창문에 진열된 맛깔스러운 사탕이나 관심이 있는 사람 쪽으로 이끌린다. 함께 있는 사람이 좋으면, 자리를 떠나야 해서 상체를 상대방으로부터 떨어뜨리더라도 다리는 마치 그 자리에 얼어붙은 것처럼 꼼짝도 하지 않을 수 있다.

<small>◦◦◦◦◦ **403**</small>

성질부리는 다리

이런 모습은 아이들에게서 가장 흔히 볼 수 있다. 이들은 다리를 비틀고 이리저리 움직이고 발을 구르면서 모든 사람에게 자신의 기분을 알린다. 그러나 아이들에게만 국한된 행동은 아니다. 흔치는 않지만 이따금씩 이렇게 행동하는 성인들도 있다. 나는 비행기에서 쫓겨난 회사 중역이 이렇게 행동하는 모습을 본 적이 있다. 이는 다리도 감정을 드러낼 수 있음을 다시 한번 생각하게 해 주는 사례다. 게다가 다리는 몸에서 가장 큰 근육으로 이루어졌기 때문에 최대의 효과를 낼 수 있다.

발 구르기	☐ ☐
	○

아이들만 자신의 기분을 알리기 위해 발을 쿵쾅거리며 구르는 것은 아니다. 흔히 격분하거나 인내심이 한계에 다다랐을 때 사람들은 이런 행동을 한다. 나는 남녀 불문하고 사람들이 지나치게 천천히 움직이는 줄에 서서 기다리다가 발을 구르는 모습을 본 적이 있다. 보통은 단지 주목을 받기 위해 발을 한 번 구르는 것이 일반적이다.

양말 잡아당기기	☐ ☐
	○

스트레스는 피부의 온도를 빠르게 상승시킨다. 스트레스를 받으면 발과 무릎 아래에서 발목 위까지의 부위인 하퇴가 불편하게 느껴질 정도로 따뜻해지는 사람들이 많다. 이들은 스트레스를 받으면 양말을 잡아당겨 발목 부위를 통풍시킨다. 때로는 반복적으로 잡아당기기도 한다. 이 행동은 흔히 눈에 띄지는 않지만 심리적으로 매우 불편하다는 신호다.

신발 대롱거리기

☐ ☐
○

어떤 사람들은, 특히 여성들은 다른 사람들과 있을 때 편안하게 느껴지면 자신의 신발을 발등 근처에 매달고 흔든다. 이런 모습은 데이트 상황에서 흔히 나타난다. 여성은 불편함을 느끼거나 상대의 말이 더는 마음에 들지 않을 때 즉각 신발을 고쳐 신는다.

**당신과 함께 있는 것이
편안하다는 뜻이다.**

발과 다리 안절부절못하기

사람들은 발을 가만히 두지 못하고 움직이거나 서성이거나 앞뒤로 아무런 목적 없이 흔들며 불안한 심리 상태를 드러내기도 한다. 이런 행동을 하는 이유는 약에 대한 알레르기 반응이나 불법 약물 사용, 비극적 사건 후의 충격, 공황 발작 같은 진단이 가능한 사건 때문일 가능성도 있다. 이 행동과 함께 주먹을 꽉 쥐거나 손을 초조하게 꼼지락거리거나 입술을 깨물거나 심지어 눈에 경련이 일어날 수도 있다. 이런 불안한 모습은 무언가가 잘못되었고 그 사람이 이를 처리하기 위해 분투하고 있다는 비언어적 신호이므로 의료적 지원이나 심리 상담이 필요할 수도 있다. 이렇게 상태가 불안한 사람이 그 순간 조리 있게 말하거나 생각할 수 있다고 기대하지 말자.

마치며

나는 이 책을 읽은 독자들이 자신을 둘러싼 세상에 눈을 뜨고 비언어라는 언어를 통해 타인을 이해하고 인정하게 되기를 바란다. 그러나 이 책을 읽는 행위는 단지 첫발을 내디디는 것에 지나지 않는다. 앞으로는 더 흥미로워질 것이다. 책에서 배운 내용들을 찾아보고 시험해보자. 스스로 관찰한 행동들을 확인하며 '삶의 현장에서' 인간의 행동을 이해하는 기술을 발전시킬 수 있다. 더 많이 배우고 확인할수록 인간을 더 쉽게 이해할 수 있고, 다른 사람들은 놓치는 신호들을 즉각 알아차리게 될 것이다.

우리는 모두 인간관계로 얽혀 있다. 말이나 행동을 타인에게 맞춰 준다는 것은 그 사람에게 관심을 기울인다는 뜻이다. 리더십은 이해와 소통이 전부이고, 보디랭귀지는 이것의 핵심이다. 유능한 지도자는 두 채널을 통해 듣고 신호를 전한다. 바로 음성언어와 비언어다. 세상이 점점 더 디지털화하고 개성이 사라지고 있지만, 얼굴을 마주 대하는 만남은 관계를 구축하고 신뢰와 친밀감을 쌓고 타인을 이해하고 공감하는 데 여전히 빼놓을 수 없는 중요한 요소다. 기술은 그 나름대로 소용이 있지만(내가 이 책을 집필할 수 있게 도와 주었다) 친한 친구나 삶을 함께할 누군가를 선택할 때는 한계가 있다. 그래서 우리가 전하기도 하고 알아차리기도 하는 비언어 신호들은 매우 중요하다.

물론 어떤 책도 인간의 모든 행동을 망라할 수는 없다. 다른 책들은 다른 행동들에 초점을 맞추고 내가 전하는 지식의 범위를 뛰어넘을 수 있게 도울 것이다. 어쩌면 훗날 여러분이 이런 책을 집필할 수도 있다.

나는 내 지식과 경험을 타인과 공유하며 크나큰 행복을 느꼈다. 여러분도 나처럼 비언어 의사소통에 관해 습득한 지식을 타인과 나누기를 바란다. 또 우리가 왜 이런 행동을 하는가를 이해하면서 나의 삶처럼 여러분의 삶도 풍요로워지길 바란다. 내가 지금까지 달려온 길은 흥미로움으로 가득했다. 이를 공유해 준 여러분께 감사드린다.

감사의 글

나는 많은 사람이 이 책을 집필하는 동안뿐만 아니라 삶 전반에 걸쳐 나를 도와 주었다는 사실을 잊지 않고 가슴에 새기며 내 삶의 여정을 글로 담기 시작했다. 이들 중 대부분은 내 질문에 답해 준 이름도 기억나지 않는 선생님이거나 내게 점심을 나누어 준 이웃이거나 내가 집중할 수 있게 가르쳐 준 코치이므로 제대로 감사 인사를 전할 수 없을 것이다. 나는 비록 이들의 이름은 잊었지만 이들의 친절은 잊지 않았다. 이들뿐만이 아니다. 내 책을 구입하고 소셜 네트워크 서비스에 글을 남기고 새 책을 집필할 수 있게 용기를 준 베이징에서부터 부쿠레슈티에 이르는 전 세계의 수많은 독자도 잊은 적이 없다. 이들에게 무한한 감사의 마음을 전한다.

내 원고를 읽고 값진 조언을 해 준 애슐리 로즈 딩월에게 고마움을 전한다. 또 FBI 요원들에게, 특히 출간 전에

검토해 준 사람들의 지치지 않는 지원에 항상 감사한다.

나는 윌리엄 모로 출판사에서 책을 네 권 출간했는데, 이는 리엣 스텔릭 같은 출판인과 라이언 커리, 비앙카 플로레스, 렉스 모들린, 편집자 줄리아 멜처를 포함해 이 책에 참여한 멋진 팀원들 덕분이다. 이 책을 끝까지 지지해 주고 훌륭하게 이끌어 준 윌리엄 모로의 편집자 닉 앰플릿에게는 감사의 말로는 부족한 마음이다. 닉, 당신은 당신의 시간과 생각을 아낌없이 나누어 주었고, 친절하고 너그러웠습니다. 당신과 당신의 동료들이 힘을 모아 이 책을 출간해 준 데 대해 감사드립니다.

내 사랑하는 친구이자 문학 에이전트인 스티브 로스는 에이브럼스 아티스트 에이전시의 도서부서 책임자다. 그에게 아낌없는 감사의 마음을 전한다. 그는 대부분의 작가들이 함께 작업하고 싶어 할 만큼 친절한 에이전트다. 그는 경청하고 배려하고 상담해 주고 일을 무사히 끝내도록 만들어 준다. 스티브, 자네는 유일무이한 존재라네. 적시적소에 건네준 자네의 조언과 리더십에 감사하네. 이 책과 다른 책 집필을 도와 준 스티브의 동료 데이비드 도어러와 매디슨 데트링거에게도 감사한다.

가족이 없었다면 나는 책을 집필하지 못했을 것이다. 내 가족은 언제나 나를 지지해 주고 내가 얼마든지 호기심을 충족하게 해 주고 다른 사람들이 가지 않는 나만의 길을 함께 걸어가 주고 있다. 내 부모님 마리아나와 앨버트에게 고마움을 표한다. 두 분은 내 성공을 위해 수많은 희생을 감수하셨다. 내 누이 마리아넬라와 테리에게도 사랑을 전한다. 내 딸 스테파니에게 무한한 애정을 보낸다. 제니스 힐러리와 런던에 거주하는 가족은 내게 용기를 주고 나를 이해해 주었다. 항상 감사하게 생각한다.

　마지막으로, 내가 하는 모든 일을 지지해 주고 집필 활동을 지원해 준 아내 스리스에게 감사의 마음을 전한다. 나는 그녀의 친절함 덕분에 힘을 얻었고, 그녀의 격려 덕분에 모든 것에서 더 나은 사람이 되고 싶어졌다. 아내가 내 삶에 들어온 이후로 나는 훨씬 좋은 사람이 되었다. 나는 아내의 사랑을 그녀가 하는 모든 일을 통해 매일 느낄 수 있다.

참고문헌

Alford, R. (1996). "Adornment." In D. Levinson and M. Ember (Eds.), *Encyclopedia of Cultural Anthropology*. New York: Henry Holt.

Burgoon, J. K., Buller, D. B., & Woodall, W. G. (1994). *Nonverbal communication: The unspoken dialogue*. Columbus, OH: Greyden Press.

Calero, H. H. (2005). *The power of nonverbal communication: How you act is more important than what you say*. Los Angeles: Silver Lake Publishers.

Carlson, N. R. (1986). *Physiology of behavior* (3rd ed). Boston: Allyn & Bacon.

Darwin, C. (1872). *The expression of emotion in man and animals*. New York: Appleton-Century Crofts.

Dimitrius, J., & Mazzarela, M. (1998). *Reading people: How to understand people and predict their behavior anytime, anyplace*. New York: Ballantine Books.

Ekman, P., Friesen, W. Y., & Ellsworth, P. (1982). *Emotion in the human face: Guidelines for research and an integration of findings*. Ed. Paul Ekman. Cambridge, UK: Cambridge University Press.

Etcoff, N. (1999). *Survival of the prettiest: The science of beauty*. New York: Anchor Books.

Givens, D. G. (2005). *Love signals: A practical guide to the body language of courtship*. New York: St. Martin's Press.

_____. (1998~2007). *The nonverbal dictionary of gestures, signs & body language cues*. Spokane, WA: Center for Nonverbal Studies. Http://members.aol.com/nonverbal2/diction1.htm.

_____. (2010). *Your body at work: A guide to sight-reading the body language of business, bosses, and boardrooms*. New York: St. Martin's Press.

Hall, E. T. (1969). *The hidden dimension*. Garden City, NY: Anchor Books.

_____. (1959). *The silent language*. New York: Doubleday.

Iacoboni, M. (2009). *Mirroring people: The science of empathy and how we connect with others*. New York: Picador.

Knapp, M. L., & Hall, J. A. (2002). *Nonverbal communication in human interaction* (5th ed.). New York: Harcourt Brace Jovanovich.

LaFrance, M., & Mayo, C. (1978). *Moving bodies: Nonverbal communications in social relationships*. Monterey, CA: Brooks/Cole.

LeDoux, J. E. (1996). *The emotional brain: The mysterious underpinnings of emotional life*. New York: Touchstone.

Montagu, A. (1986). *Touching: The human significance of the skin*. New York: Harper & Row Publishers.

Morris, D. (1985). *Bodywatching: A field guide to the human species*. New York: Crown Publishers.

_____. (1994). *Bodytalk: The meaning of human gestures*. New York: Crown Trade Paperbacks.

_____. (1971). *Intimate behavior*. New York: Random House.

_____. (1980). *Manwatching: A field guide to human behavior*. New York: Crown Publishers.

_____. (2002). *Peoplewatching: A guide to body language*. London: Vintage Books.

Morris, Desmond, et al. (1994). *Gestures*. New York: Scarborough Books.

Navarro, J. (2016). "Chirality: A look at emotional asymmetry of the face." *Spycatcher* (blog). *Psychology Today*, May 16, 2016. https://www.psychologytoday.com/blog/spycatcher/201605/chirality-look-emotional-asymmetry-the-face.

Navarro, J., & Karlins, M. (2007). *What Every BODY Is Saying: An ex-FBI agent's guide to speed-reading people*. New York:HarperCollins Publishers.

Navarro, J., & Poynter, T. S. (2009). *Louder than words: Take your career from average to exceptional with the hidden power of nonverbal intelligence*. New York: HarperCollins Publishers.

Panksepp, J. (1998). *Affective neuroscience: The foundations of human and animal emotions*. New York: Oxford University Press.

Ratey, J. J. (2001). *A user's guide to the brain: Perception, attention, and the four theaters of the brain*. New York: Pantheon Books.

찾아보기

FBI 관찰의기술

초판 1쇄 발행 2019년 6월 17일
초판 9쇄 발행 2023년 11월 20일

지은이 조 내버로   **옮긴이** 김수민

발행인 이재진   **단행본사업본부장** 신동해
책임편집 김경림   **교정** 강진홍   **디자인** 박진범
마케팅 최혜진 이인국   **홍보** 반여진 허지호 정지연 송임선
국제업무 김은정   **제작** 정석훈

브랜드 웅진지식하우스
주소 경기도 파주시 회동길 20
문의전화 031-956-7213(편집) 031-956-7089(마케팅)
홈페이지 www.wjbooks.co.kr
인스타그램 www.instagram.com/woongjin_readers
페이스북 https://www.facebook.com/woongjinreaders
블로그 blog.naver.com/wj_booking

발행처 ㈜웅진씽크빅
출판신고 1980년 3월 29일 제406-2007-000046호
한국어판 출판권 © ㈜웅진씽크빅, 2019

ISBN 978-89-01-23217-1 (03320)